Otto Klambauer

Der Kalte Krieg in Österreich

Vom Dritten Mann zum Fall des Eisernen Vorhangs

Ueberreuter

Die Deutsche Bibliothek – CIP-Einheitsaufnahme

Klambauer Otto:
Der Kalte Krieg in Österreich : vom dritten Mann zum Fall des Eisernen
Vorhangs / Otto Klambauer. - Wien : Ueberreuter, 2000
ISBN 3-8000-3759-9

AU 0521/1
Coverfotos: Abbau des Eisernen Vorhangs (rubrafoto), Szene aus dem Film
»Der Dritte Mann« (Landesbildstelle Wien)
Copyright © 2000 by Verlag Carl Ueberreuter, Wien
Printed in Austria
7 6 5 4 3 2 1

Ueberreuter im Internet: www.ueberreuter.de

Inhalt

Einleitung

Weltpolitik hält sich nicht an Datumssprünge.
Selten wurde dies so klar wie in der »Jahrtausendwende« vom 20. zum 21. Jahrhundert. Das Jahr 2000 brachte keine neue Ära der Weltpolitik – ebenso wenig hatte das Jahr 1999 eine politische Epoche beendet.
Das 20. Jahrhundert blieb seinem Trend treu: War der Zusammenbruch der »alten Welt« nicht 1900, sondern im Ersten Weltkrieg ab 1914 erfolgt, so endete das »politische 20. Jahrhundert« nicht 1999, sondern bereits zehn Jahre vorher.
Das Jahr 1989 wurde zum Jahr der Wende, zum Markstein der Geschichte: Binnen sechs Monaten, zwischen Juni und Dezember 1989, brach das Sperrgebiet der kommunistischen Welt zum Westen ein. Der Fall des Eisernen Vorhanges – jener Todesgrenze, die vier Jahrzehnte lang Europa spaltete – veränderte mit einem Schlag besonders Europa, aber auch die ganze Weltpolitik.
Was auf 1989 folgte, war das Festschreiben dieser Wende: mit der deutschen Wiedervereinigung am 3. Oktober 1990. Mit der »Charta von Paris« im November 1990, die das Zusammenleben der Staaten in Europa neu regeln sollte und »ein neues Zeitalter der Demokratie, des Friedens und der Einheit« ausrief. Mit dem Zerfall der Sowjetunion zu Jahresende 1991 und dem Ende der Aufteilung der Welt in die Einflusssphären von zwei Supermächten. Was dann kam, war ein bitterer Abgesang an die Ära davor: der Zerfall des Mehrvölkerstaates Jugoslawien in blutigen Kriegen, die Erosionskämpfe an der Peripherie Russlands.
Auch für Österreich begann die neue Ära nicht 1999, sondern schon 1989. Nach sieben Jahren Anschluss an Hitler-Deutschland, zehn Jahren Besatzungszeit und 34 Jahren der Randlage

als letzter westlicher Vorposten am Eisernen Vorhang änderte sich in diesem Wendejahr schlagartig Österreichs Stellung in Europa.

Urplötzlich fand sich Österreich in der Mitte Europas wieder – eine Position, auf die sich manche lange nicht einstellen konnten. Statt Neuorientierung gab es bisweilen Orientierungslosigkeit über den Verlust der alten, gewohnten und oft auch bequemen Zweiteilung in Ost und West.

Es war am 27. Juni 1989, einem diesigen Frühsommertag, als Österreichs Außenminister Mock und sein ungarischer Amtskollege Horn Geschichte schrieben, indem sie in einem Waldstück nahe dem Grenzübergang Klingenbach den Eisernen Vorhang durchschnitten.

Mock und Horn waren sich der Symbolkraft ihrer Aktion bewusst, münzten dies damals aber noch immer auf die gute Nachbarschaft Österreich-Ungarn.

Dass die Laufmaschen dieses Schnitts in den Stacheldraht binnen sechs Monaten den gesamten Eisernen Vorhang von der Nordsee bis zum Balkan auf einer Länge von 5000 Kilometern, 900 Kilometer davon allein entlang der österreichischen Grenze, zum Einsturz bringen würden: Das ahnte an diesem Junitag noch niemand.

Der Schnitt beendete die Ära der Spaltung Europas, ja der Welt in den kommunistisch-planwirtschaftlichen Ostblock und den demokratisch-marktwirtschaftlichen Westen.

44 Jahre dauerte diese Teilung der Welt durch den Eisernen Vorhang, der besonders an der innerdeutschen Grenze, vor allem in Berlin, aber auch an der österreichischen Grenze zur Tschechoslowakei eine gefürchtete Todesgrenze war – samt Stacheldraht, Wachtürmen, Sperrgräben, Lichttrassen, Schussanlagen, Landminen.

Als nach der blutigen Niederschlagung des Ungarn-Aufstandes 1956 die Grenze zu Österreich vollends dichtgemacht wurde, sah der Eiserne Vorhang so aus: erst der Stacheldraht, dann ein eineinhalb Meter breiter Minengürtel, ein fünf Meter breiter Sand- und Erdstreifen zur Spurensicherung und schließlich ein eineinhalb Meter breiter Stolperdraht-Streifen. Eine Grenze, über die zu fliehen Todesgefahr bedeutete. An der Grenze zur ČSSR konnten sogar Weidevieh oder Spaziergänger unabsichtlich Grenzalarm auslösen.

Wie viele Opfer am 900 Kilometer langen Abschnitt des Eisernen Vorhangs entlang der österreichischen Grenze zu beklagen waren, lässt sich heute (noch) nicht sagen. 200 Menschen fanden an der innerdeutschen Grenze den Tod, als sie versuchten, trotz aller Sperren durch den Eisernen Vorhang in den Westen zu fliehen.

Die Zahl der Opfer, die die kommunistische Ostblock-Herrschaft insgesamt forderte, lässt sich kaum beziffern – man schätzt, dass rund 1,1 Millionen Menschen dem Terror der KP-Regime allein in Osteuropa zum Opfer fielen.

Für 300 Millionen Menschen, die hinter dem Eisernen Vorhang unter kommunistischer Herrschaft lebten, brachte das Wendejahr 1989 die Freiheit – wenn auch nicht den von ihnen erhofften Wohlstand.

Für Österreich änderte sich die Position in Europa schlagartig: In der Zeit der Ost-West-Konfrontation gepriesen als Brückenfunktion zwischen Ost und West, musste sich Österreich neu orientieren. Zumindest ein zeitlicher Zusammenhang besteht zwischen dem Wendejahr 1989, der EU-Volksabstimmung 1994 und dem Beitritt Österreichs zur Europäischen Union 1994.

Eines ist gewiss: Mit der Wende 1989 und dem EU-Beitritt war Österreichs Nachkriegsära endgültig zu Ende gegangen. Dieses Buch soll einen Überblick über die Ära Österreichs im Kalten Krieg bieten. Die wichtigsten Entscheidungsträger der Zweiten Republik stellten sich zur Verfügung, um in langen und intensiven Zeitzeugen-Gesprächen mit dem Autor Bilanz zu ziehen. Bilanz einer Epoche, die bereits Zeitgeschichte ist.

Von der Befreiung zur Besatzung

Freitag, der 13. April 1945. Um 21 Uhr rüttelt ein Salut von 24 Artilleriesalven aus 324 Geschützen das abendliche Moskau auf. Stalins Signal an die Moskauer: Wieder ist eine europäische Hauptstadt von der Roten Armee erobert worden.

Diesmal handelt es sich um eine Eroberung von besonderem historischem Wert für Moskau: Wenige Stunden zuvor, um 14 Uhr, ist die »Schlacht um Wien« zu Ende gegangen – die 3. Ukrainische Front hat zusammen mit der 4. Ukrainischen Front die Stadt erobert. Noch am selben Tag verleiht Stalin den Regimentern den Beinamen »die Wiener«.

Wie wichtig ihm die Eroberung Wiens ist, drückt Stalin im Tagesbefehl aus: Darin nennt er »die Hauptstadt Österreichs, Wien, einen strategisch wichtigen Verteidigungsknotenpunkt der Deutschen, der [der vorrückenden Roten Armee] den Weg nach Süddeutschland versperrte«.

Am selben Tag posiert eine Hand voll Sowjetsoldaten auf dem Dach der Wiener Hofburg zum Siegesfoto – so wie Rotarmisten am Mittwoch, dem 2. Mai 1945, die Sowjetflagge auf dem Reichstag in Berlin hissen: Siegerbilder der Roten Armee im Endkampf gegen Hitler-Deutschland.

Szenenwechsel. Es ist der 19. Februar 1954. Die Tageszeitung »Das kleine Volksblatt« erscheint mit schwarzem Trauerrand und der bitteren Schlagzeile: »Wieder kein Staatsvertrag!« Auf der Berliner Außenministerkonferenz 1954 war wieder einmal, das x-te Mal bereits, eine Einigung über den österreichischen Staatsvertrag an der starren Haltung der Sowjetunion, besonders von Außenminister Molotow, gescheitert.

Neun Jahre liegen zwischen den Kanonensalven in Moskau für die Eroberung Wiens und dieser bitteren Anklage aus Österreich an die Sowjetunion. Wie konnte die Stimmung der Österreicher von Freude über die Befreiung von der Nazi-Diktatur in solch große Bitterkeit über den Österreichkurs Moskaus umschlagen?

Der Großmächte-Konflikt des Kalten Kriegs, der Österreich zwischen Ost und West einkeilte, war zu diesem Zeitpunkt noch nicht offenkundig. Aber schon in den ersten Tagen nach Kriegsende hatte sich in die Freude über die Befreiung Entsetzen über die einrückenden Sowjettruppen gemischt.

Prägnant fasst der frühere österreichische Botschafter in Moskau, Herbert Grubmayr, die Stimmung der Österreicher gegenüber den Sowjetsoldaten zusammen. Grubmayr über die Tage der Befreiung im niederösterreichischen Scheibbs: »Am Tag haben die Soldaten der Roten Armee Zuckerl verteilt – in der Nacht haben sie die Frauen entlang der Hauptstraße querhaus vergewaltigt.«[1]

Lange Zeit wurde das heikle Problem der sowjetischen Übergriffe in der Geschichtsschreibung verharmlost. Dabei geben Zeitzeugen erschütternde Schilderungen der Tage der »Befreiung« – wie etwa Altkanzler Fred Sinowatz.

Sinowatz erlebte das Kriegsende in seinem burgenländischen Heimatort Neufeld an der Leitha: »Ich war 16 Jahre alt 1945 – ich bin in einer recht einfachen, aber sehr politischen Arbeiterfamilie groß geworden. Ich habe bewusst den Krieg und dann ebenso bewusst den Einmarsch der Russen erlebt – aber auch die Reaktion der Bevölkerung.

Was für uns damals einerseits eine Befreiung war, war auch verbunden mit großer Angst. Erstens war die Befreiung ja auch eine Kriegshandlung. Und dann ist durch das so sehr undisziplinierte Verhalten der Russen in der Bevölkerung sofort eine ungeheure antikommunistische Stimmung erwachsen. Gleich von Beginn weg! Daher haben die Kommunisten später auch keine Chance gehabt.«

Fred Sinowatz illustriert, wie in seinem Heimatort die Stimmung kippte: »Damals gab es hier in Neufeld eine große Jutefabrik mit Arbeiterwohnungen. Mein Vater war eingerückt – und

*Das Ende der Schlacht um Wien: Rotarmisten ziehen am
13. April 1945 auf dem Dach der Wiener Hofburg die
Sowjetflagge auf*

ich bin am Tag, ehe die Russen einmarschiert sind, in den Keller
dieses Koloniehauses gegangen, auch die Verwandten, Freunde
und Nachbarn. Als gegen Abend der Kanonenlärm immer lau-
ter geworden ist, hat man im Keller gehört: Jetzt wird gekämpft
draußen! Das war abenteuerlich – aber militärische Realität.
Und dann sind die ersten Russen gekommen – in diese Kolo-
niewohnungen mit zum großen Teil alteingesessenen sozialdemokratischen Arbeitern. Eine Frau, die ich gut kannte, ist den
Soldaten entgegengelaufen. Sie wollte die Russen als Befreier
begrüßen und sich bei ihnen bedanken. Und das Erste, was die
tun: Sie nehmen ihr die Ringe und die Uhr weg. Eh keine Kost-
barkeiten! Und zwar, vorsichtig formuliert, nicht sehr freundlich! Das war sicherlich keine Besonderheit in diesem Krieg, in
dem die Russen viel mitgemacht haben. Aber so haben die
Menschen – nicht nur in diesem einen Keller – das Kriegsende
erlebt.

Dann waren in den nächsten Tagen die Vergewaltigungen und Vergewaltigungsversuche an den Frauen – etwas, was die Menschen ungeheuer bewegt hat. Man ist da wirklich gestanden und hat die Frauen schreien gehört!

Natürlich waren diese ersten Erlebnisse subjektiv und übertrieben. Aber das war eben keine Einordnung der Ereignisse vom Intellekt her – sondern von der Emotion her. Und die ist sehr prägend gewesen! Sie hat dazu beigetragen, dass die Kommunisten, die ja bekannt waren in unserem Ort und die ja mit Hilfe der Besatzungsmacht zuerst einmal die Gemeindeverwaltung übernommen hatten, jedes Ansehen verloren haben! Dieses Bemühen, hier in dieser Arbeitergemeinde etwas zu erreichen, war also von Anfang an daneben!«

Auch ein halbes Jahrhundert nach Kriegsende ist noch immer kein exakter Überblick über das ganze Ausmaß der sowjetischen Willkürakte zu finden. Ludwig Steiner, bei Kriegsende von 1945 bis 1946 Sekretär des Tiroler Landeshauptmanns Karl Gruber, schätzt die Zahl der sowjetischen Übergriffe in dieser Zeit auf »70 000 bis 80 000 Vergewaltigungen im Raum Wien, Burgenland und Niederösterreich«.

Offiziell versuchte die Militärführung der Roten Armee zwar, energisch gegen alle Übergriffe ihrer Soldaten vorzugehen. Doch Plünderungen, Vergewaltigungen, Verschleppungen und Beutezüge versetzten die Bevölkerung in Ostösterreich in Angst und Schrecken – und prägten die Aversion der Österreicher gegenüber den Sowjetbesatzern vom Beginn der Besatzung weg bis zum Abzug 1955.

Die psychologische Wirkung war verheerend: Mochte das offizielle Österreich noch so sehr auf halbwegs korrekte Beziehungen zur sowjetischen Besatzungsmacht bedacht sein – in den Augen der Ostösterreicher wurden die Sowjettruppen in kürzester Zeit von Befreiern zu Besatzern. Der zynische Spruch »Uhra, Uhra« für sowjetische Soldaten, die jede Armbanduhr konfiszierten, derer sie habhaft werden konnten, wurde zum Synonym für Besatzer-Willkür.

Vorerst noch war Moskau von diesem Imagewandel unbeeindruckt. Am Sonntag, dem 24. Juni 1945 – es war der vierte Jahrestag des deutschen Angriffs auf die Sowjetunion –, nahm auf

Unmut der Österreicher über die unzumutbare Last und Dauer der Besatzungszeit: Demonstration für den Staatsvertrag auf der Wiener Ringstraße

dem Roten Platz in Moskau Sowjetmarschall Georgij K. Schukow im Sattel eines Schimmels die offizielle Siegesparade der Sowjetunion zum Ende des Zweiten Weltkrieges ab.

In Österreich war an diesem Tag der Krieg längst zu Ende. Schon seit 23. April stand die »provisorische österreichische Staatsregierung« unter der Führung von Karl Renner, vier Tage später war sie von der Sowjetunion offiziell anerkannt.

Das »Neue Österreich« erschien in seiner ersten Nummer mit dem Aufruf auf Seite 1: »Österreicher! Zum ersten Mal seit sieben Jahren dürft ihr nun wieder in aller Öffentlichkeit mit diesem uns allen so teuren Namen angesprochen werden. Die von Millionen Menschen unseres Vaterlandes so lange und so heiß ersehnte Stunde der Befreiung von der nazistischen Zwangsherrschaft ist gekommen.«

In Österreich begann der harte Übergang von Kriegs- zur Friedenswirtschaft – fieberhafte Aufräumungsarbeiten des Kriegsschutts. Ein Wettlauf gegen das Chaos und den drohenden Hungerwinter. Schon Mitte Mai begannen in ganz Österreich die Bezirkshauptmannschaften wieder zu arbeiten. Künstler und Kulturschaffende versuchten, das Kulturleben wieder in Gang zu bringen – als Signal beginnender Normalisierung. Bereits am 24. April hatte das Apollo-Kino als erstes Kino Wiens den Betrieb wiederaufgenommen – mit dem russischen Film »Iwan IV.«. Ausgerechnet ein Film über den russischen Großfürsten »Iwan der Schreckliche«, wörtlich übersetzt »der Bedrohliche« – wie sich im Rückblick zeigt, ein düsteres Omen.

Am 1. Mai eröffnete die Wiener Staatsoper mit Mozarts »Hochzeit des Figaro« – nicht am Ring, sondern in den Räumen der Volksoper am Gürtel. Seit 29. April sendete die »Radiostation RAVAG«, seit 6. Juni der Sender »Rot-Weiß-Rot«.

Die Rote Armee hatte Ostösterreich Ende Frühjahr 1945 fest im Griff. Die Westalliierten folgten mit einiger Verspätung: Die Amerikaner hatten erst am 28. April die Grenze zu Tirol überschritten. Am 29. April überquerten französische Truppen die Grenze in Vorarlberg. Und erst am 6. Mai 1945 betraten britische Truppen in Kärnten österreichischen Boden – Klagenfurt erreichten sie zwei Stunden vor den Tito-Partisanen.

Für das folgende Jahrzehnt Besatzungszeit erwies sich als entscheidend: Während sich die Westalliierten in den westlichen Bundesländern erst mühsam einrichten mussten, hatten sich die Sowjets in Ostösterreich schon fest etabliert – mit einer provisorischen österreichischen Staatsführung, die zu Sommerbeginn 1945 zwar in Eile den Aufbau einer Zivilverwaltung organisierte, aber vom Wohlwollen der Sowjet-Kommandantur abhängig war. Erst in mühevoller Sisyphusarbeit konnte sie sich aus dieser Abhängigkeit befreien.

Winston Churchill ahnte, was sich in Österreich anbahnte. In einem »streng geheim und persönlich« gehaltenen Telegramm an US-Präsident Truman warnte er: »Ich bin tief besorgt darüber, wie sich die Dinge in Österreich entwickeln. Die Bekanntgabe der Bildung einer provisorischen österreichischen Regie-

Wien im Griff der sowjetischen Besatzungsmacht:
Zweisprachige Verkehrsschilder

rung gleichzeitig mit der Weigerung (der Sowjets, Anm.), unsere Missionen nach Wien einfliegen zu lassen, lässt mich befürchten, dass die Russen die Tatsache, dass sie die Ersten in Österreich waren, dazu benützen, das Land auf ihre Weise zu organisieren, bevor wir dort eintreffen. Wenn wir beide nicht eine sehr starke Haltung einnehmen, wird es für uns sehr schwer werden, irgendeinen Einfluss in Österreich geltend zu machen nach der Befreiung des Landes von den Nazis. Wären Sie bereit, mit mir gemeinsam eine dementsprechende Botschaft an Stalin zu schicken?«[2]

Truman war nur bereit, gegen die Einsetzung der Renner-Regierung ohne Zustimmung der Westalliierten zu protestieren –

hielt aber die Tür zur späteren Anerkennung der Regierung Renner offen. Churchills Warnung zeigt, wie misstrauisch die Westalliierten zu diesem Zeitpunkt bereits die sowjetische Besatzungspolitik in Österreich verfolgten.

Tatsächlich: Den Kommandoton in Ostösterreich gaben die Sowjets an. Erst am 9. Juli 1945 einigten sich die Alliierten auf die Einteilung von vier Besatzungszonen in Österreich. Und erst am 1. September 1945 übernahmen Amerikaner, Briten und Franzosen gemeinsam mit den Sowjets ihre Zonen in Wien – bis dahin bestimmte die Sowjet-Kommandantur das Geschehen in der Bundeshauptstadt.

In Ostösterreich machten bereits in dieser frühen Nachkriegsphase österreichische Politiker mobil gegen eine ihrer Meinung nach verfrühte Festlegung der Nachkriegsgrenzen – nur kurze Zeit, bevor der Eiserne Vorhang niederging.

Wie Fred Sinowatz im Zeitzeugen-Gespräch mit dem Autor berichtet, gab es unmittelbar nach Kriegsende eine bemerkenswerte Initiative, Ödenburg zum Burgenland zurückzuholen. Ausgangspunkt war das Problem, dass Ödenburg beim Anschluss des Burgenlandes an Österreich nach der Volksabstimmung 1921 bei Ungarn geblieben war. Sinowatz: »Dabei war Ödenburg immer ganz eindeutig die Hauptstadt der Region gewesen: Ödenburg hatte drei Tageszeitungen, ein Theater, ein wirklich ausgebautes höheres Schulwesen. Dass diese Stadt bei Ungarn geblieben war, konnten in der ersten Zeit viele Politiker im Burgenland nicht verkraften.«

Es war Ludwig Leser, Landeshauptmann-Stellvertreter bis 1934 und burgenländischer Landeshauptmann vom 1. Oktober 1945 bis 4. Jänner 1946, der gleich nach Kriegsende diese Initiative startete. Sinowatz: »Nach seiner Rückkehr aus der Emigration machte er etwas, was heute gar nicht mehr diskutiert wird, aber unglaublich ist: Er meinte, Österreich könnte bei Friedensverhandlungen – er hat 1945 mit Friedensverhandlungen gerechnet, er war Landeshauptmann damals – Ödenburg wieder zurückhaben. Er vertrat die Theorie, Österreich würde Südtirol ohnehin nicht mehr zurückbekommen, also sollte es schauen, dass Ödenburg wieder zu uns kommt.«

Ludwig Leser, so Sinowatz, schritt auch zur Tat: »Er hat eine

eigene Stelle in Wien aufgebaut, die vertraulich das [die Rück-
holung Ödenburgs] vorbereitet hat. Das ist so weit gegangen,
dass er sogar Leute mobilisiert hat, die eine gewisse Spiona-
getätigkeit in Ödenburg ausgeübt haben.« Bei dieser Geheim-
aktion kam es zu einer Panne: »Sie [die Ungarn] haben dann sogar einmal einen erwischt, wieder einen Neufelder. Er ist sechs
Monate eingesperrt worden in Ungarn.«

Hatte der Kalte Krieg, der Konflikt zwischen Moskau und den
Westalliierten, in Österreich schon begonnen? Wieder war es
Winston Churchill, der eindringlich warnte – und dem amerikanischen Präsidenten Truman bereits im Mai 1945 das bereits
erwähnte vertrauliche Telegramm sandte: »Ein Eiserner Vorhang ist über ihre Grenze gezogen. Wir wissen nicht, was hinter
ihr vorgeht. Es ist kaum eine Frage, dass die ganzen Gebiete
östlich der Linie Lübeck–Triest–Korfu bald ganz in ihrer Hand
sind.«[3]

Die Warnung war vorerst noch geheim – Churchill machte sie
erst in seiner historischen Rede am 5. März 1946 öffentlich –
und führte das einst von Goebbels erfundene Schlagwort vom
»Kalten Krieg« in den politischen Wortschatz der Nachkriegsära ein.

Wann begann der Kalte Krieg?

Wann wurde dieser »Kalte Krieg«, vor dem Churchill Truman warnte, in Österreich politische Realität? Wann schlug die Besetzung Österreichs durch die Truppen der Alliierten in den Ost-West-Konflikt um, der erst 1989 mit dem Wegfall des Eisernen Vorhangs so spektakulär endete?

Es gibt grundsätzlich zwei Sichtweisen, um den Start des Kalten Kriegs als Politbegriff der Ost-West-Rivalität zwischen zwei Machtblöcken zu definieren, die die Weltpolitik ab 1945 beherrschte – manche sprachen sogar von einem »Kampf um die Weltherrschaft«.

Eine Denkschule definiert den Beginn des Kalten Kriegs mit dem Zeitpunkt, an dem die Konfrontation der Großmächte zwischen Moskau und dem Westen vor aller Welt und öffentlich sichtbar wurde: mit dem Startschuss zum Marshallplan 1947 – dem Beginn des amerikanischen Wiederaufbauprogramms für Europa, von dem sich die Sowjetunion samt ihrem osteuropäischen Glacis bewusst ausschloss.

Andere verlegen den Beginn des Kalten Kriegs bereits in die letzten Kriegsjahre und -monate – etwa ab 1944: Als die ersten Risse in der Anti-Hitler-Allianz zwischen Stalin und den Westmächten über die Planung Nachkriegseuropas merkbar wurden – was dann in den 1945er-Konferenzen von Jalta und Potsdam zum Ausdruck kam.

In Österreich, das betonen Zeitzeugen immer wieder, verlief der Übergang von Besatzung zur Ost-West-Konfrontation anfangs gleitend – aber doch viel rascher, als es so manche Darstellungen lange Jahre glauben ließen. Österreich wurde rascher in die Rivalität zwischen Moskau und den Westalliierten eingebunden, als es Wien lieb sein konnte. Im Ringen um Einfluss-

Symbol der Teilung Österreichs entlang der Zonengrenze:
Der russische Kontrollpunkt an der Ennsbrücke

sphären in Europa wurde das Land rasch zum Exerzierfeld der Ost-West-Rivalität.

Die österreichische Bevölkerung war in den ersten Monaten nach Kriegsende viel zu sehr mit der Beseitigung der Kriegsschäden und dem Wettlauf mit der Zeit gegen Chaos und Hunger beschäftigt. Von der aufkeimenden Ost-West-Krise merkte sie vorerst nur wenig. Die Sorge ums Überleben, der Kampf ums tägliche Brot überwogen.

Allerdings wurde schon während der Befreiung Österreichs sichtbar, dass es einen fundamentalen Unterschied ausmachte, von wem man »befreit« wurde – von den Sowjettruppen oder den Westmächten. Dann auch, in welcher Zone man lebte: unter sowjetischem Befehl – oder unter amerikanischem, britischem, französischem Kommando.

Wer in einer der Westzonen zu leben kam, war bevorzugt und trachtete auch, diesen Vorteil nicht leichtfertig aus der Hand zu geben. Ludwig Steiner, Widerstandskämpfer in den letzten

Kriegsjahren in Tirol und sofort nach Kriegsende Sekretär von Landeshauptmann Karl Gruber, erinnert sich: »Die Leute in den Westzonen haben sich ja alle gefürchtet, hinzufahren in die sowjetische Besatzungszone! Jedes Mal, wenn man nach Wien gefahren ist, haben die Leute nachher gesagt: Du traust dich, dorthin zu fahren!?«

Die Ennsbrücke bei Sankt Valentin als Zonengrenze – bis zum Abzug des letzten Sowjetsoldaten 1955 war sie Symbol für Österreichs Teilung zwischen Ost und West.

Auch wenn der Eiserne Vorhang als Todesstreifen zwischen Ost- und Westeuropa an Österreichs Ostgrenze erst später entstanden ist: Spannungen zwischen den Westmächten und Moskau waren bereits in den ersten Monaten nach der Besetzung erkennbar und wurden besonders sensibel registriert.

Ludwig Steiner: »Zweifellos war uns schon, bevor die Amerikaner weg sind aus Innsbruck, klar, dass es zwischen den Amerikanern und den Russen große Spannungen geben muss. Das ist aus Gesprächen mit den Amerikanern hervorgegangen. Und natürlich haben wir auch gesehen, dass die Amerikaner gewisse Kontakte (mit Österreichern, Anm.) aufrecht erhalten wollten im Hinblick auf künftige Spannungen. Natürlich war das nach außen nicht weiß Gott wie sichtbar. Aber man hat die Unterschiede gesehen!«

Wie unterschiedlich die Lebensbedingungen zwischen Sowjetzone und Westzonen schon kurz nach Kriegsende waren, betont Franz Olah, ab 1945 Vorsitzender der Gewerkschaft der Bau- und Holzarbeiter: »Innsbruck oder Salzburg haben damals ja ganz anders ausgeschaut als Ostösterreich – das war doch 1:100! Die Franzosen sind zwar auch keine reichen Leute gewesen und die Soldaten haben genauso geschaut, was sie kriegen können. Die Franzosen waren ja auch arm, ähnlich wie die Russen, nicht viel besser. Und auch die Engländer – reich waren ja nur die Amerikaner.«

Anton Benya, langjähriger ÖGB-Präsident und Erster Nationalratspräsident, erinnert sich, dass anfangs die Kriegsfolgen dominierten: »Das war zuerst doch noch die Nachwirkung des Krieges – als die Siegermächte erst einmal versucht haben, die Frage zu beantworten: Wie soll es [mit Österreich] weitergehen? Zuerst einmal musste geklärt werden: Wo verläuft die [Zonen-]Grenze – das war eben faktisch die Enns. Da war die Aufteilung in Einflussgebiete – darauf hat man sich erst einmal eingerichtet. Und dort hatten vorerst die ausländischen Mächte das Sagen. Das konnte man noch nicht als Kalten Krieg bezeichnen.«

Das von der Roten Armee eroberte Territorium wurde von der Sowjetunion grundsätzlich als »ihr Einflussbereich« gewertet – ein Argument, dem Washington und London wenig entgegensetzen konnten. Bruno Kreisky schreibt in seinen Memoiren: »Der Vormarsch der sowjetischen Truppen nach Berlin und Wien, die Eroberung des Ostens und Südostens Europas, haben das Leben von Millionen russischer Soldaten gekostet. Weder Roosevelt noch Churchill konnten ihren demokratischen Staaten zumuten, diesen Preis zu bezahlen. Und so kam es zur Teilung Europas.«[4]

Über Ostösterreich fällt ein Vorhang

Die Österreicher mussten nun lernen, mit einer heiklen Gratwanderung zwischen Existenzsicherung und zähem Ringen gegen rigorose Besatzungsmacht zu leben. Franz Olah erinnert sich: »Es war ein Raufen ums Überleben! Und wir rauften ums Überleben: für die Republik, für unser demokratisches System, das ja erst am Beginn und noch unvollständig war, besonders in der Sowjetzone. Das Hauptverdienst gebührt ja diesen tapferen Leuten der ersten Monate, bis zum Herbst '45, wo die Sowjets alleine in Wien waren! Nichts hätte sie daran gehindert, dass sie den Schärf, den Helmer, den Figl und den Olah geschnappt und nach Sibirien abtransportiert hätten. Die Amerikaner hätten keinen Krieg geführt wegen denen, die man damals ja noch kaum gekannt hat.«

Die Sowjet-Besatzungsmacht ging schon kurze Zeit nach dem Einmarsch in Österreich daran, sich zu holen, was nach Moskaus Auffassung einer Siegermacht zustand. Systematisch wurden Betriebe geplündert, Maschinen demontiert, Industrieanlagen zum Transport in die Sowjetunion zerlegt.

Die sowjetischen Requirierungen erfolgten in zwei Etappen: Unter Beutegut verstand die Rote Armee alles, wessen sie an brauchbaren Maschinen habhaft werden konnte. Dann die Beschlagnahme des »deutschen Eigentums«: Schon in Potsdam hatte sich Stalin von den Westmächten das deutsche Auslandsvermögen als Bestandteil der deutschen Reparationszahlungen gutschreiben lassen.

In den Industriebetrieben Ostösterreichs begannen die Sowjettruppen ab Mai 1945 mit Demontagen in großem Stil. In vielen

Werken wurden unter dem Titel »Kriegsbeute- und Trophäenaktionen« Maschinen demontiert.

Am 12. Mai 1945 erklärt Sowjetmarschall Tolbuchin der österreichischen Führung, als es um die Demontagen geht, klipp und klar: »Die Erbeutung von reichsdeutscher Kriegsindustrie in Österreich hat einen Abtransport dieser Industrie erforderlich gemacht, da die Deutschen ihrerseits mit der sowjetischen Industrie so verfahren sind.«[5] Renner versucht den Sowjets abzuhandeln, was geht. Tolbuchin fordert die Demontage von 13 Industriebetrieben der Schwerindustrie – Renner erreicht, dass in einigen strittigen Fällen eine Produktionskette pro Werk im Betrieb belassen wird, um eine völlige Demontage der Betriebe zu verhindern.[6]

Die Beutezüge verbittern die Österreicher: Die Sowjettruppen montieren rücksichtslos ab, sogar Kabel und Stecker werden aus den Wänden gerissen. Doch oft stehen die Anlagen tagelang bei Sonne und Regen unter freiem Himmel und beginnen zu verrosten, dabei hätte man sie für Österreichs Wiederaufbau dringend benötigt. Die Demontagen nahmen solche Dimensionen an, dass man sich noch Jahre später fragte, was der österreichischen Wirtschaft größeren Schaden zugefügt hat: die Ereignisse zu Kriegsende oder die Demontagen. Jeder der Wiener Großbetriebe verlor im Schnitt 1100 Tonnen Maschinen – die Abtransporte in Ostösterreich von April bis Juni 1945 erreichten bis zu 80 Prozent des Bestandes.[7]

Den ohnmächtigen Zorn der Österreicher schildert Franz Olah: »Man hat ja den Ausdruck ›Kalter Krieg‹ zu diesem Zeitpunkt noch gar nicht gekannt. Aber für uns war das die offene Kriegserklärung. Egal ob kalt oder nicht kalt – das war Krieg: Beschlagnahme schwerer Maschinen, landwirtschaftlicher Güter, Errichtung von eigenen Handelsgeschäften, wo sie die Waren dann verkauften, die sie uns gestohlen haben!«

Ludwig Steiner sieht hier einen entscheidenden Sprung von »normalen« Nachkriegshandlungen zu Besatzerwillkür: »Anfangs war doch allen klar, dass alle Mittel, die der Kriegführung gedient haben, beschlagnahmt werden. Nur: In welcher Form hat das doch begonnen, auf sowjetischer Seite anscheinend völlig unkontrolliert! Dabei: Wenn man näher hingeschaut hat, konnte man sehen, dass das sehr wohl organisiert und ein Dienst vorhanden war für das Beutemachen.«

Die Demontagen blieben aber nicht nur auf die Sowjetzone beschränkt. Schon bald hieß es, die Franzosen stünden den Sowjets nur wenig nach. Tirol und Vorarlberg stellten ja bei Kriegsende eine Art »Reichszufluchtswinkel« dar, in dem reichsdeutsche Firmen, meist Rüstungsbetriebe, der Bombardierung durch Verlagerung ihrer Betriebe hatten entgehen wollen.

Steiner: »Nach den Sowjets kamen gleich die Franzosen. Es hat eine Zeit lang gedauert, bis sich die Franzosen da einigermaßen zu normalen Vorgängen bekannt haben. Aber die Franzosen sind dafür auch bitter bestraft worden durch das Schicksal: Denn die Betriebe, die sie in Deutschland und in Österreich abgebaut haben, die haben ihre Modernisierung zu Hause verhindert.«

Die Verluste durch die Kriegsbeute-Aktionen waren bitter. Noch einschneidender wurde die sowjetische Beschlagnahme all dessen, was in Österreich bei Kriegsende Eigentum von Deutschen war – und die Übernahme dieser Betriebe, Güter und Besitzstände in sowjetische Verwaltung.

Schon in Potsdam hatten die Alliierten entschieden, das deutsche Auslandseigentum für die Reparationen Deutschlands heranzuziehen. In allen von ihnen eroberten Gebieten Osteuropas gingen die Sowjets prompt daran, das deutsche Eigentum zu beschlagnahmen. Die Verwaltung war immer nach demselben Organisationsschema strukturiert. Spezialtrupps registrierten zuerst die deutschen Vermögenswerte. Dann wurden die Betriebe, Geschäfte und Landwirtschaftsgüter beschlagnahmt. In der dritten Phase bekamen sie Sowjet-Funktionäre als Direktoren oder Sachwalter. Ihnen zur Seite standen entweder Kommunisten oder KP-nahe Berater, in Einzelfällen sogar die Vorbesitzer als geschäftsführende Verwalter.

In Ostösterreich arbeiteten die sowjetischen Besatzungsbehörden schon ab Frühsommer 1945 gezielt daran, das deutsche Eigentum unter Kontrolle zu bekommen. In dieser Phase geschah bereits eine für Österreich im Kalten Krieg entscheidende Weichenstellung: die wirtschaftliche Spaltung zwischen Sowjetzone und Westzonen – samt Demarkationslinie mitten durch Österreich.

Erstes Opfer der sowjetischen Politik der Beschlagnahmen wurde der Wirtschaftszweig, in dem Österreich in Europa zu Kriegsende einen Spitzenplatz einnahm: die Erdölindustrie.

Während des Kriegs war die Erdölförderung im Raum Zistersdorf zur drittgrößten in Europa hinter der Sowjetunion und Rumänien ausgebaut worden. Mit Kriegsende wurden die Erdölfelder in Niederösterreich für die Treibstoffversorgung der Roten Armee in Osteuropa besonders wichtig.

Mitte April 1945 besetzten Sowjettruppen die Erdölfelder bei Zistersdorf. Sofort gingen Trupps daran, unversehrte maschinelle Einrichtungen der Ölfelder abzutransportieren: Angeblich wurden von 58 Bohranlagen 48 demontiert. Die Bohrausrüstung ging in die Sowjetunion und nach Rumänien.

Mit den verbliebenen Anlagen versuchte das Mineralölkommando der Roten Armee, die Erdölproduktion wieder in Gang zu setzen – was bereits Ende April 1945 gelang. Die Eile beweist Moskaus Interesse am österreichischen Erdöl.

Dabei tat sich eine Kluft zwischen Moskau und den Westalliierten auf – erster Vorgeschmack auf die wirtschaftliche Konfrontation im Kalten Krieg: Von den 22 Unternehmen, die 1938 in Österreich als Erdölfirmen (von Schürffirmen über Bohrbetriebe bis Raffinerien) registriert waren, standen 20 in amerikanischem, englischem, französischem, holländischem, rumänischem, schweizerischem und österreichischem Besitz. Nur zwei Firmen hatten eine deutsche Beteiligung.

Während des Zweiten Weltkrieges hatte das Deutsche Reich nicht nur Erdölanlagen konfisziert, sondern ausländische Eigentumsrechte auch auf legale Weise erworben. So steigerte Hitler-Deutschland seinen Besitzstand am österreichischen Erdöl auf 65 Prozent – anglo-amerikanische Firmen hielten 32 Prozent und (Vorkriegs-)österreichische 5 Prozent. Moskau aber forderte nun die gesamte Erdölindustrie als deutsches Eigentum für sich. Proteste der Westmächte halfen nichts.

Ein zweites strategisches Ziel für den Ausbau der Sowjetmacht über Osteuropa war die Kontrolle über die Donauschifffahrt zwischen Österreich und dem Schwarzen Meer durch Beschlagnahme der Ersten Österreichischen Donaudampfschifffahrtsgesellschaft, der DDSG.

So krisengeschüttelt die DDSG im Wendejahr 1989 war, so große Bedeutung hatte sie in der Monarchie und der Zwischenkriegszeit: Bis zum Ersten Weltkrieg hatte die DDSG den gesamten Donauverkehr beherrscht, sie war die älteste und blieb bis 1945 auch die größte Binnenschifffahrtsgesellschaft im südosteuropäischen Raum. Sie hatte den mit Abstand größten Transportanteil für Massengüter wie Getreide, Tabak und Erze. Vor dem Zweiten Weltkrieg wurde die Hälfte aller transportierten Waren in Bulgarien und etwa ein Drittel in Jugoslawien auf der Donau transportiert.

Zuletzt verfügte die DDSG über einen Schiffspark von 400 Schleppkähnen, 90 Zugschiffen und Personenschiffen. Entlang der Donaustrecke besaß sie Lagerhäuser, Umschlagplätze, Magazine, Betriebs- und Hafenanlagen, in Budapest eine eigene Schiffswerft. Sie war Eigentümerin der Kohlegruben in Pecs, den größten Steinkohlevorkommen in Ungarn.

Mit der Kontrolle über die DDSG konnte die Rote Armee den Nachschub auf dem Wasserweg in Südosteuropa beherrschen. Schon im Juli 1945 meldeten Sowjetbehörden ihr Interesse an der DDSG an. Moskau stützte sich auf das Argument, dass die DDSG zum Kriegsende 1945 zu 99,9 Prozent im deutschen Besitz der Reichswerke Hermann Göring stand. Allerdings gab es vor dem Anschluss 1938 keinerlei deutsches Kapital in der DDSG. Nach dem Anschluss übernahm das Deutsche Reich den österreichischen Bundesanteil und zwang die Creditanstalt zum Verkauf. Aber für Moskau war die DDSG bei Kriegsende legal reichsdeutscher Besitz.

Am 26. September 1945 bestätigten US-Organe die Teilung der DDSG-Flotte zwischen der sowjetischen und der US-Besatzungsmacht: »Derzeit ist ungefähr die Hälfte der DDSG-Flotte unter sowjetischer Flagge – und etwa die Hälfte wird von den US-Truppen oberhalb von Linz gehalten.«[8] Damit lag aber nicht nur die Kontrolle über die Donauschifffahrt von Enns flussabwärts bis zum Schwarzen Meer ab September 1945 in der Machthoheit der Sowjetunion. Die Teilung der Donaustrecke in Österreich in einen sowjetischen und einen amerikanischen Abschnitt lieferte bereits im Herbst 1945 einen Vorgeschmack auf die Spaltung Österreichs in der Besatzungszeit: DDSG-Schiffe oberhalb von Linz durften die Grenze in die Sowjetzone nicht passieren, sonst wären sie konfisziert worden.

Im Herbst 1945 hatte Moskau einen besonderen Köder für die Schlüsselbereiche Erdölindustrie und DDSG parat, die nach US-Ansicht zusammen mit der Creditanstalt-Bankverein »das Herz des Wirtschaftslebens in Österreich«[9] bildeten. Moskau bot den Österreichern an: Erdöl und Donauschifffahrt sollten in gemischtes sowjetisch-österreichisches Eigentum übergehen. Auf den ersten Blick – in der Notlage der ersten Nachkriegsmonate – ein verlockendes Angebot!

Schon in Rumänien hatte Moskau die gemeinsame sowjetisch-rumänische Erdölfirma »Sovrompetrol« gegründet. In Österreich sollte diese Firma »Sanaphta« heißen. Aus Moskau reiste im August 1945 extra eine Delegation mit Vize-Außenhandelsminister Kunikin an.

Doch die Vorfreude trübte sich rasch, als die Österreicher das »Kleingedruckte« studierten: Die Erdölfirma sollte 50:50 aufgeteilt sein. Doch die Sowjetunion wollte für ihre Hälfte nur das von ihr beschlagnahmte deutsche Eigentum im Wert von 12 Millionen Dollar einbringen – die Österreicher sollten ihre Hälfte durch neue Maschinen und eine Million Dollar in bar finanzieren. Moskau bot Besitzrechte – die Österreicher sollten für das Barkapital sorgen. Obendrein sollte die Firma die Bohrkonzessionen und Schürfrechte auf 60 Jahre hinaus im gesamten österreichischen Bundesgebiet erhalten. Im Klartext: Über die Erdölwirtschaft hätte sich die Sowjetunion auf 60 Jahre hinaus ein Standbein in Österreich gesichert!

Die Ernüchterung war groß, es fiel das Wort von »Exterritorialität«. Schärf, damals Vizekanzler, warnte energisch, die neue Firma würde »ein vollkommenes Monopol in ganz Österreich« besitzen. Washington drohte mit Nicht-Anerkennung der Regierung Renner, auch London protestierte scharf. Die Sowjets hatten die Vertragsunterzeichnung schon auf 14. September 1945 festgesetzt. Doch im SPÖ-Parteivorstand kam es zur Kampfabstimmung, in der Renner – er war für Annahme des Angebots – mit 4:11 Stimmen unterlag.

Der Plan war gescheitert. Moskau reagierte verbittert: Sofort wurde die österreichische Handelsdelegation aus Moskau ausgeladen, der Abschluss eines Handelsvertrages vorerst abgesagt. Die Sowjetbehörden verkündeten den sofortigen Übergang von Zistersdorfer Erdölunternehmen in Sowjeteigentum.

Dazu gründeten die Sowjets eine eigene Firma: Die Sowjetische Mineralölverwaltung (SMV), Vorgängerin der ÖMV. Die SMV taucht als Firmenname seit 18. Oktober 1945 in Dokumenten auf.

Wie bei der Erdölindustrie wollte Moskau auch bei der DDSG vorgehen: Sie sollte ebenfalls eine sowjetisch-österreichische Firma werden. Ein erstes Offert deponierte Moskau bereits im Juli 1945 in Wien. Die Regierung Renner lehnte zum Jahreswechsel 1945/46 auch dieses Angebot ab. Am 2. Februar 1946 übernahmen die Sowjets die DDSG und gründeten die sowjetische »Verwaltung der Donaudampfschifffahrtsgesellschaft«. Daneben bestand im 3. Wiener Bezirk ein zweites DDSG-Büro für das DDSG-Vermögen in der US-Zone.

Noch im Herbst 1946 kritisierte Renner die bilateralen Gesellschaften: Diese 50:50-Beteiligungen hätten bedeutet, »dass Österreich für 50 Schilling 50 Russen bekommt!«[10]

Mit Erdöl und DDSG hatte die sowjetische Besatzungsmacht ab Jahresbeginn 1946 zwei wichtige Wirtschaftszweige in Österreich gegen heftigen Widerstand der Amerikaner und Briten übernommen. Das Tauziehen um Einfluss in Österreich war also im Gange – noch bevor Churchill am 5. März 1946 öffentlich vor einem »Eisernen Vorhang« warnte.

Kommunisten-Blamage an der Wahlurne

Die Integration Ostösterreichs in eine osteuropäische Pufferzone vor der Sowjetunion samt Installierung anfangs pseudo-demokratischer Regime in diesem Glacis – das scheint Stalins Modell einer Nachkriegslösung gewesen zu sein. Daraus erklärt sich die große Zurückhaltung der Westalliierten bei der Anerkennung der Regierung Renner.

Daraus erklärt sich aber auch die Zuversicht, mit der die sowjetische Besatzungsmacht und die österreichischen Kommunisten in den Wahlkampf für die erste freie Parlamentswahl im Herbst 1945 gingen. Eine Wahl, die den Weg Österreichs entscheidend bestimmen sollte.

Denn die Installierung einer moskautreuen Regierung mit massiver Beteiligung der Kommunisten durch Wahlen scheiterte in Österreich – mit einem sensationell kläglichen Abschneiden der KPÖ bei der Nationalratswahl am 25. November 1945: Die KPÖ erreichte trotz massiver Wahlhilfe der Sowjets lediglich 5,4 Prozent der Stimmen (174 257) und nur vier von 165 Mandaten. Franz Olah im Rückblick: »Das war für die Kommunisten ja so eine furchtbare Niederlage – nicht einmal wir haben damit gerechnet! Ich erinnere mich: Ich habe damals in Ottakring gewohnt und bin immer mit der Straßenbahn, dem 46er, ins Büro gefahren. Und am Tag der Wahl hab ich mir gedacht, ich schau mir die Dinge an: Die Kommunisten hatten doch in jedem Bezirk, ja in jedem Viertel ein Parteilokal. Die hatten mehr Parteilokale als alle anderen Parteien miteinander! Die haben sie bekommen, als die Sowjets alleine waren in Wien – die brachte man dann nicht mehr hinaus.

Also, ich hab gesehen, dass kein einziges [KP-]Parteilokal mehr offen war. Überall die Rollbalken herunten, alles still! Wieso? Als die Stimmzettel ausgezählt worden sind, hat sich in vielen Wahlsprengeln herausgestellt, dass die Kommunisten dort nicht einmal so viele Stimmen bekommen haben, als sie Parteimitglieder hatten. Das haben sie über ihre Beisitzer in der Wahlkommission erkannt. Und am nächsten Tag ist keiner mehr in die Parteilokale gekommen. Dieser Wahlausgang war wirklich eine Überraschung für uns ohnegleichen!«

Das Ergebnis: ÖVP 49,8 Prozent der Stimmen und 85 Mandate, SPÖ 44,6 Prozent und 76 Mandate, KPÖ 5,4 Prozent und vier Mandate. Zum schlechten Abschneiden der KPÖ kam hinzu, dass die beiden Großparteien auch ihre Hochburgen aus der Zwischenkriegszeit mehr oder weniger verteidigen konnten. Den Kommunisten war es trotz eines Intensivwahlkampfes, für den die KPÖ weitaus mehr Mittel zur Verfügung hatte als die anderen Parteien – der ÖVP etwa ging im Wahlkampf-Finish das Geld für die Papierkosten aus –, nicht gelungen, in die Hochburgen von ÖVP und SPÖ einzudringen.

Die KPÖ hatte de facto schon mit dieser Wahl ihre Chance auf eine Machtposition im Nachkriegsösterreich verspielt – die folgenden Wahlen 1949 und 1953 bestätigten diesen Trend bis zum Abzug des letzten Sowjetsoldaten.

Die Hauptgründe für das Scheitern der KPÖ: Einerseits versteckten sich die österreichischen Kommunisten im Wahlkampf hinter der Sowjetbesatzungsmacht. Vom Wähler wurden die KPÖ-Funktionäre sehr rasch gleichgesetzt mit den Russen – und mitverantwortlich gemacht für Übergriffe der sowjetischen Besatzungssoldaten.

Für Fred Sinowatz hat diese enge Identifizierung der österreichischen Kommunisten mit ihrer sowjetischen »Besatzungs-Schutzmacht« viel zur Wahlpleite beigetragen: »Ganz eindeutig! In meiner Heimatgemeinde Neufeld hat es einen Betrieb gegeben, der hatte 2000 Beschäftigte. Eine richtige Arbeitergemeinde. Meine Eltern, Großeltern, alle waren Textilarbeiter. Daher gab es hier immer eine Zelle der Kommunisten, vor allem nach 1934, wo man den Sozialdemokraten vorwarf, sie hätten sich zu wenig gewehrt.

*Ein Wahlkampf der Weltanschauungen: Anti-Kommunisten-
Plakat der ÖVP zur Nationalratswahl 1949*

Also hätte man erwarten können, dass hier die Kommunisten
eine besondere Rolle spielen werden. Aber schon bei den ersten
Wahlen 1945 zeigte sich, dass die Kommunisten einen ganz,
ganz geringen Wähleranteil haben! Vom heutigen Standpunkt
her war das schon ein sehr emotional aufgebauschter Wahlkampf gegen die Kommunisten! Aber natürlich haben sich die
Sozialisten am meisten wehren müssen gegen die Kommunisten
– das haben sie auch getan!«
ÖVP und SPÖ wussten um die Stimmung in der Bevölkerung –

und sprachen sie im Wahlkampf 1945 gezielt an. So etwa die ÖVP mit einem kleinen Plakat, das nur einen Satz enthielt, dessen Wirkung aber verheerend war für das Image der KPÖ: »Wer die Russen liebt, wählt kommunistisch.«

Oder ein anderes ÖVP-Plakat, das das »Uhra, Uhra«-Image der Sowjetsoldaten aufs Korn nahm: »Urwiener und Wiener ohne Uhr wählen ÖVP«, in der Steiermark abgewandelt zu »Ursteirer und Steirer ohne Uhr wählen ÖVP«.[11]

Aggressive Wahlparolen, gegen die sich die KPÖ heftig zur Wehr setzte – mit Argumenten, die zeigten, wie sehr sich die Kommunisten hinter der Sowjetmacht versteckten: »Mit Lug und Trug, mit falschen Gerüchten versuchen die getarnten Nazi Euer Vertrauen zur Roten Armee zu untergraben. Glaubt ihnen nicht! Reißt dem Feind die Maske ab!«

Noch härter als gegen die bürgerliche ÖVP wurde der Wahlkampf zwischen Kommunisten und Sozialdemokraten geführt. Die Gründe für diese Strategie der Kommunisten nannte der US-Diplomat George Kennan in seinem »Langen Telegramm« am 22. Februar 1946. Er analysierte darin, wo man in Moskau 1945/46 den ideologischen Feind ortete: »Unter den negativen Elementen der bürgerlich-kapitalistischen Gesellschaft sind die gefährlichsten die, die Lenin die falschen Freunde des Volkes nannte, nämlich gemäßigt-sozialistische oder sozialdemokratische Führer (die nichtkommunistische Linke). Sie sind gefährlicher als die Erzreaktionäre, denn diese segeln wenigstens unter der eigenen Flagge, während gemäßigte Führer der Linken das Volk verwirren, indem sie sich der Instrumente des Sozialismus zur Förderung der Interessen des reaktionären Kapitals bedienen.«[12]

Fred Sinowatz sieht den Beginn der massiven Abgrenzung der Sozialisten zu den Kommunisten nicht erst ab dem Wahlkampf 1945, sondern sofort nach Kriegsende: Wegen der antirussischen Stimmung durch die Übergriffe der Besatzungstruppen »hatten die Kommunisten als Partei in der Bevölkerung keine Chance gehabt. Keine Chance! Daher kam auch der SPÖ, besonders in der Gewerkschaftsbewegung, eine besondere Rolle zu: Widerstand gegen die in den USIA-Betrieben konzentrierten kommunistischen Zellen.«

Für Sinowatz reichten die Wurzeln dieses ideologischen Abgrenzungskampfes tief: »Es hat sich in der SPÖ ein Anti-Kommunismus herausgebildet, der weit über alles hinausgegangen ist, was es sonst noch in Österreich gab. Daraus hat sich auch das Bedürfnis von Schärf und seinen Leuten gebildet, sich stark mit den Westmächten – wenn schon nicht zu verbünden, so doch verstärkt den Kontakt zu den Westmächten zu suchen. Wie der Schärf das erste Mal nach England gefahren ist, hat uns das damals sehr bewegt!«

Der österreichische Wähler bekannte sich also sofort in der ersten Nachkriegs-Wahl in solcher Eindeutigkeit zur Demokratie und zu den beiden Großparteien ÖVP und SPÖ, dass Moskau nicht daran rütteln konnte.

Wohl aber, so wurde später bekannt, herrschte in Moskau große Verbitterung über die österreichischen Genossen: Ihnen warf man vor, ihre wahre Stärke überschätzt, ihre Position in Österreich verkannt oder gegenüber den Sowjetorganen bewusst übertrieben zu haben.

Vom Liebeswerben zur Konfrontation

Mit der Wahl im November 1945 war die Frontenstellung »Hier ein demokratisches Österreich, da Sowjet-Besatzung samt verlängertem Arm KPÖ« gegeben: ein Vorgeschmack auf die Propagandaphase des Kalten Kriegs.

Die große Frage blieb, ob Stalin 1945 auch in Österreich den Weg zur Volksdemokratie ebnen wollte. Immerhin waren mit der kommunistischen Besetzung von Schlüsselressorts in der Provisorischen Regierung Renner nach kommunistischem Machteroberungs-Schema – Innenministerium und Polizeichef (Honner und Dürmayer) – Weichenstellungen erfolgt.

Dennoch fällt die Antwort nicht eindeutig aus. Kreisky etwa analysierte: »Stalins Zusage, in den eroberten Ländern demokratische Regierungen zu etablieren, war vielleicht von vornherein gar kein politisches Betrugsmanöver gewesen; es gibt Hinweise, dass er – natürlich im Rahmen des sowjetischen Imperiums – nationale Marionettenregierungen akzeptieren wollte ... Es ist nicht ausgeschlossen, dass Stalin mit dem Gedanken spielte, eine Art Demokratie einzuführen; das dürfte auch die Tautologie von der Volksdemokratie erklären.«[13]

Ludwig Steiner meint: »Die Sowjets haben 1945 sicherlich geglaubt, die Kommunisten werden ein wesentlicher Bestandteil der österreichischen Politik sein. Daher die Wahlen. Sie sind ganz auf der Schiene der Zusammenarbeit mit linken sozialistischen Kräften gewesen, also der Volksfront-Idee.«

Wie beispielgebend die Wahl der Österreicher von 1945 für das von Sowjettruppen besetzte Osteuropa war, schilderte der Osteuropa-Spezialist Wolfgang Leonhard. Leonhard war Ende

1945 noch Mitglied der deutschen Kommunisten. Die deutsche KP-Spitze im Sowjetsektor Berlins verfolgte die österreichische Wahl mit großem Interesse, das Wahlergebnis war für sie niederschmetternd: »Dann wurde gesagt, die österreichischen Wahlen sind für uns eine große Lehre. Die österreichischen Kommunisten bekamen, wie wir nun mit Schrecken erfuhren, kaum mehr als 5 Prozent. Dabei hatten wir angenommen, die Kommunisten würden die stärkste Partei in Österreich werden. Und jetzt hatten sie nur 5 Prozent! Die Sozialisten aber 40 Prozent und noch mehr! Die österreichischen Kommunisten waren plötzlich nur eine kleine Sekte, obwohl wir doch immer gehört hatten, dass sie für eine breite nationale österreichische Politik eintraten. Aus diesem Ereignis musste die Lehre gezogen werden! Wenn es in Österreich zu einer solchen Katastrophe führen konnte, dann kann uns in Deutschland Ähnliches passieren. Das darf es nicht. Wir müssen jetzt für die sofortige Vereinigung der Kommunisten und der Sozialdemokraten in der Sowjetzone Deutschlands eintreten und, wenn es geht, sogar in ganz Deutschland. Sofortige Vereinigung der beiden Parteien, nicht mehr, wie bis jetzt angeordnet, nur eine Zusammenarbeit, nein, eine Vereinigung – zu einem möglichst frühen Zeitpunkt. Und schon drei Wochen nach den österreichischen Wahlen gab es diese berühmte Konferenz im Dezember 1945 – 30 führende Sozialdemokraten und 30 führende Kommunisten – mit dem deutlichen Ziel, so schnell wie möglich eine Einheitspartei zu bilden.«[14]

In Österreich konnte die Volksfront-Idee nach dem KP-Wahldebakel keine realistische Chance mehr haben. Die SPÖ war auf so striktem antikommunistischem Kurs, dass jeder Versuch im Keim erstickt wurde. Zudem war der Kräfteunterschied – SPÖ 44 Prozent, KPÖ 5,4 Prozent – viel zu krass.

Dann ging die SPÖ in beharrlicher Wühlarbeit daran, die Kommunisten aus den Positionen zu drängen, die sie sich mit Hilfe der Sowjetbehörden erobert hatten: in den Betrieben und in der Gewerkschaftsbewegung.

Franz Olah und Anton Benya waren beide sofort mit Kriegsende in der Gewerkschaftsbewegung aktiv geworden. Ihnen ist die Erinnerung an den Kampf gegen die Kommunisten lebendig geblieben. Franz Olah: »Am Anfang standen die Einheitsorganisationen. Freie Österreichische Jugend – da waren Schwarze, Rote, Kommunisten, alles dabei. Ihr Führer war Ernst Fischer, der ›große Jugendführer‹. Einheitliche Sportorganisationen, der Arbeiter-Turnerbund.

In den Betrieben, überall war ein Kommunist an der Spitze. Bei jedem Betriebsbesuch hab ich gefragt: ›Wieso sind die Kommunisten so stark? Wie viele Stimmen haben sie gehabt?‹ Standardantwort: ›Ja, das wissen wir nicht.‹ – ›Wieso denn nicht?‹ – ›Wir wählen ja nach Einheitslisten.‹ – ›Was heißt Einheitslisten?‹ – ›Naja, der beste Gewerkschafter ist interessanterweise immer ein Kommunist gewesen!‹

Wir haben dann Stück für Stück, in einem Betrieb nach dem anderen, den kommunistischen Obmann gestürzt. Damit sie in der Gewerkschaft nicht das Kommando haben.

Ihr Bestreben waren immer zwei Dinge: Innenministerium – das heißt Polizei. Und Gewerkschaften – das heißt Arbeiter. Mit diesen beiden haben sie ja die Demokratien in Polen, der Tschechoslowakei aus den Angeln gehoben.«

Auch Anton Benya prägte dieser Kampf: »Ich bin 1945 da herunter über die grüne Grenze nach Wien. Im Betrieb haben wir gesagt: ›Also Leute, wir machen einen Betriebsrat.‹ Das wurde – ein KPler! Dann haben wir noch einmal eine [Betriebsrats-] Wahl gemacht und die KP eliminiert.«

Das SPÖ-Ziel, die Kommunisten aus den Gewerkschaftsführungen zu drängen, war knochenzähe Kleinarbeit. Benya: »Erst im Laufe der Zeit haben wir sie dann alle weggebracht – durch ordentliche Wahlen. In der Brauerei Ottakring, bei Austria Email, Leichtmetall, Zahnradfabrik – um nur einige zu nennen! Dort saßen überall KP-Betriebsräte.«

Für Benya war klar: »Ob die Russen auch so dachten, weiß ich nicht, aber die österreichischen Kommunisten meinten: Sie übernehmen mit Hilfe der Russen wichtige Positionen. Die Gewerkschaft war so eine wichtige Position. Der Honner war Innenminister. Dann die Polizei. Dann der Fischer Unterrichtsminister.

Die Kommunisten haben ja wichtige Positionen gehabt! Also, wenn etwas in Österreich gegangen wäre, dann hätten die Russen nicht gesagt: Wir haben das gemacht, sondern: Das waren die österreichischen Kommunisten!«

Franz Olah über den Abgrenzungskurs der SPÖ: »Die Sowjets, die Kommunisten haben zuerst begonnen mit diesen Friedensreden. Dann kamen die Freundschafts-Delegationen in die Ostblockstaaten. Da haben sie vor allem Sozialdemokraten eingeladen. Natürlich wird man dort bewirtet und es wird einem gezeigt, wie schön alles ist.

Wir haben aber gesagt: ›Keine Konzession, nicht die geringste Konzession! Jeder, der bei einer solchen Delegation mitfährt, wird ausgeschlossen! Sofort!‹ Das war die einzige Möglichkeit, selbst Naive von diesen Verlockungen abzubringen. Denn wir haben ja alle nichts gehabt damals, waren arm – dann wird man bewirtet und vollgestopft: Dann wären sie halt begeistert zurückgekommen und hätten dieses Lied von der Einheit der Arbeiterklasse gesungen!«

Franz Olah schildert auch, wie aggressiv das Werben der Sowjets für einen Linksblock war – mit Lockangeboten, die oft nur schweren Herzens abgelehnt wurden: »Die Sowjets haben in manchen Gemeinden in Niederösterreich die sozialdemokratischen Funktionäre von der Gemeinde kommen lassen und ihnen gesagt: ›Vereinigts euch mit den Kommunisten – und wir geben euch die ganze Gemeindeverwaltung, wir schalten die ÖVP aus, ihr kriegts die ganze Gemeindeverwaltung – allein!‹ Das wäre das Todesurteil einer demokratischen Entwicklung gewesen, eine solche Einheitsfront: Entgegen Wahlergebnissen eine Partei so auszuschalten!«

Die Abgrenzung zu den Kommunisten galt nicht nur für die SPÖ, sondern ebenso in der ÖVP. Ludwig Steiner: »In dieser Zeit war das Reden mit einem Kommunisten, das Reden mit den Sowjets ein Verrat!«

Nach der Wahlniederlage der KPÖ änderte die Sowjet-Besatzungsmacht ihren Kurs. Immer offener ging sie daran, ein eigenes Besatzungsregime ohne Einbinden der österreichischen Kommunisten aufzubauen – diese erfuhren oft erst im Nachhinein von diesen Maßnahmen.

Außerdem verschärfte sich die Stimmung zwischen den Alliierten Ende 1945 spürbar. Ludwig Steiner erzählt: »Gegen Ende

1945 war uns schon deutlich klar, was es für Konflikte und Spannungen zwischen den Alliierten gibt. Das war für uns Österreicher schon sehr beeindruckend. Wir hatten ja den Eindruck, dass die Alliierten gemeinsam gesiegt haben und daher doch irgendwie zusammenhalten. Und da sind dann die ersten Nachrichten gekommen, dass es Friktionen gibt.

Und dann haben die verschiedenen westlichen Dienste plötzlich begonnen, die Leute aufmerksam zu machen, dass es hier Spannungen gibt und dass sie [die Westmächte] gegen den sowjetischen Einfluss auftreten. Das hat in der österreichischen Bevölkerung großen Widerhall gefunden. Denn die Ereignisse in Wien mit der sowjetischen Besatzung und dann die Übernahme der Macht in Ungarn und in der Tschechoslowakei haben schon den Eindruck erweckt, hier geht eine Aktion gegen den Westen vor sich. Da hat der Westen gesehen, wie die ausmanövriert wurden! Das hat sich dann auch in Österreich widergespiegelt – aber so richtig verstanden haben wir das Ganze erst beginnend mit 1946.«

Auch Franz Olah definiert den Zeitpunkt, an dem die Rivalität zwischen Moskau und dem Westen offen zutage trat, mit Jahreswende 1945/46: »Die Amerikaner sind sehr bald erwacht aus der Illusion, dass die Sowjets Partner sind – besonders, als diese in Ungarn, in Polen und in der Tschechoslowakei aufgeräumt haben!«

Aber wie in Österreich scheiterte auch in Ungarn vorerst der Versuch, Kommunisten durch Wahlen an die Macht zu bringen: Bei der Wahl im Oktober erreichten Ungarns Kommunisten zwar etwas mehr als in Österreich, aber es waren auch nur 17 Prozent.

Nur in der Tschechoslowakei gewannen die Kommunisten im Mai 1946 beträchtlich: 38 Prozent! Doch Olah, der in dieser Zeit in Prag Zwischenstopp machte, führt dies nicht auf die Attraktivität der Prager KP zurück: »Warum sind die Kommunisten bei diesen ersten freien Wahlen in der Tschechoslowakei stärkste Partei geworden? Doch aus Wut über die Westmächte, die sie so schändlich verraten hatten im 38er Jahr! Als es das Bündnis mit Frankreich gab und dann die Westmächte sagten: Na, kapituliert´s [vor Hitler]! Das war ja Schande, was die Westmächte aufgeführt haben. Das hat die Stimmung in der Tschechoslowakei nach Osten orientiert. Die wollten nichts mehr mit den Westmächten zu tun haben! Das war der wirkliche Umsturz. Nachher sind die Verbindungen mit der Tschechoslowakei total gekappt worden. Das wurde dann das grauslichste Regime von all den Ostblockstaaten.«

Moskau musste nach den Herbstwahlen 1945 in Ungarn und Österreich Mehrparteienregierungen anerkennen – nur unter dem Druck der Wahlereignisse. Für Stalin dürften damit die Würfel gefallen sein: Keinerlei freie Wahlen in Osteuropa mehr zu riskieren, bei denen die Kommunisten Gefahr liefen, so schwach abzuschneiden wie in Österreich und Ungarn. Stattdessen verschärfte Moskau in den anderen osteuropäischen Staaten die Gangart zum Machtwechsel: Durch Drohungen, Einschüchterungen, Verschwindenlassen unliebsamer Politiker, die sich weigerten, in Volksfront-Allianzen mit den Kommunisten einzutreten.

Wie sehr das Scheitern der KPÖ bei den Wahlen Moskau geschockt hat, zeigt ein Vorfall in Ostberlin: Schon im Dezember 1945 warnte ein hoher sowjetischer Funktionär Walter Ulbricht vor der »Gefahr Österreich«[15] – ein geflügeltes Wort der Warnung an die Bruderparteien. Wo es zu Wahlen kam, wurden gemeinsame Wahllisten von Kommunisten, Sozialisten und anderen Parteien erzwungen, die Sitzverteilung im Parlament von vornherein festgelegt – oder, wenn es nicht anders ging, Wahlfälschung betrieben.

Bestes Beispiel dafür war Polen: Dort versuchten die Kommunisten mit allen Mitteln, eine Einheits-Wahlfront aufzustellen. Doch die Bauernpartei weigerte sich, dem Linksbündnis beizutreten. Für die Kommunisten Grund, die für Anfang 1946 geplanten Wahlen kurzerhand zu verschieben. Sie fanden ein Jahr später statt, da hatte das KP-beherrschte Innenministerium die gesamte Wahlprozedur schon unter Kontrolle: Die Kommunisten wurden zur dominierenden Kraft.

Blockwahlen finden im November 1945 in Bulgarien statt, in der Tschechoslowakei im Mai 1946, in Rumänien im November 1946. Im März 1946 wird in Albanien eine volksdemokratische Verfassung durchgesetzt. Am 21. November 1946 wird der

Kommunist Georgi Dimitroff in Bulgarien Ministerpräsident – zwei Tage später präsentiert er seine Regierung: Neun von 15 Ministern sind Kommunisten, die anderen Parteien zu Statisten degradiert.

Der Dominoeffekt in Osteuropa führte den Österreichern vor Augen, was gedroht hätte, wäre die Wahl im November 1945 nicht so eindeutig ausgegangen. Spätestens ab diesem Zeitpunkt war es oberstes Ziel jeder österreichischen Regierung, ein Ende der Besatzungsherrschaft zu erreichen.

Darin gab es zwischen ÖVP und SPÖ einen nationalen Konsens. Nur die KPÖ scherte aus – was der langjährige KPÖ-Chef Muhri im Rückblick offen zugibt: »Das Ergebnis der Wahlen 1945 fiel für die KPÖ enttäuschend aus. Sie erhielt 5 Prozent der Stimmen und vier Mandate; wesentlich mehr war erwartet worden ... Mit den Ergebnissen der Novemberwahl war ein tiefer Einschnitt in die politische Entwicklung unseres Landes verbunden. Es festigte sich immer mehr die Koalition zwischen ÖVP und SPÖ. Zwar sind verschiedene Gesetze nach schwierigen Verhandlungen noch mit Zustimmung der Kommunisten beschlossen worden, z. B. die Verstaatlichungsgesetze 1946 und 1947, doch hat die KPÖ de facto immer mehr die Haltung einer Oppositionspartei eingenommen.«[16]

Während Osteuropa unter kommunistische Herrschaft fällt, gehen in Österreich die Uhren anders: Ab Jahreswende 1945/46 vollzieht die sowjetische Besatzungsmacht eine Spaltung Österreichs und beginnt in Ostösterreich ihr Besatzungsregime aufzubauen – immer öfter ohne Rücksichtnahme auf die Kommunisten.

Moskaus Wirtschaftsimperium

Mitte März 1946. Weil die UNRRA-Lebensmittelhilfe (»United Nations Relief and Rehabilitation Administration«, die Nachkriegshilfe-Organisation der UNO) nicht im vorgesehenen Umfang in Österreich eintrifft, muss der Tageskaloriensatz für den österreichischen Normalverbraucher auf 1200 Kalorien herabgesetzt werden. Anfang Mai 1946 erklärt UNRRA-Generaldirektor Fiorello La Guardia, dass »das österreichische Volk zu jenen Völkern der Welt zählt, die dem Niveau des Hungertodes am nächsten sind«. Im selben Monat muss der Tageskaloriensatz für Normalverbraucher erneut reduziert werden – auf 800 bis 900 Kalorien pro Tag.

Währenddessen hat die sowjetische Besatzungsmacht in Ostösterreich seit dem Jahreswechsel 1945/46 ihre Taktik geändert: Demontagen und Beutegut-Operationen werden seltener. Jetzt erheben die Sowjetbehörden den Gesamtbestand des deutschen Eigentums in Ostösterreich – über Erdölindustrie und DDSG hinaus alle Vermögenswerte, die Moskau laut Potsdamer Abkommen zustehen.

In Wiener Bezirksämtern wie in niederösterreichischen Gemeindeämtern tauchen sowjetische Kommandanten auf und fordern von den österreichischen Behörden umgehend Verzeichnisse über alle ausländischen Vermögenswerte. In Wien delegiert Bürgermeister Körner die Erhebungsarbeit an die Wiener Arbeiterkammer.

Parallel dazu beginnen die Sowjets, die ersten Betriebe des deutschen Eigentums zu beschlagnahmen. So überwacht etwa bei der Firma Kolben-Kraus in Wien schon ab Anfang März 1946 ein sowjetischer Kontrolloffizier die Produktion.

In großem Stil beschlagnahmen die Sowjets von April bis Juni

1946 in allen Wirtschaftssparten, von der Schwerindustrie über die Bauwirtschaft und Leichtindustrie bis hin zu Wiener Lichtspieltheatern. In jeder Firma dieselbe Begründung: Deutsches Eigentum – Übernahme in sowjetische Verwaltung.

In der österreichischen Regierung löst dies Entsetzen aus. Im Februar 1946 alarmieren die Österreicher das US-Außenministerium, dass die sowjetische Übernahme von großen Gebieten das österreichische Lebensmittelproduktionsprogramm ernstlich betreffen würde.[17]

Ludwig Steiner zur sowjetischen Besatzungsarbeit: »Natürlich haben die Sowjets die Betriebe [in ihrer Zone, Anm.] zuerst abgebaut. Aber dann ist ihnen mit der Zeit die Überlegung gekommen, dass es gescheiter ist, sie für sich arbeiten zu lassen. Dabei erstaunt mich das heute noch: ausgerechnet in Österreich. Denn in Österreich hätten die Sowjets ja am ehesten riskiert, dass die Betriebe einmal zurückgegeben werden müssen. Ich glaube, dass viele dieser Requirierungsvorstellungen die Emigration in der Sowjetunion zur Basis gehabt haben. Denn die haben sich ja ausgekannt. Und zum Teil haben die Sowjets ja in sehr überlegter Weise zugegriffen auf diese Betriebe.«

Weil der Versuch, wie bei Erdöl und DDSG auch für das restliche deutsche Eigentum eine bilaterale sowjetisch österreichische Gesellschaft zu gründen, am Widerstand Wiens scheitert, kommt es zum Eklat: Am 5. Juli 1946 – die Meldung der TASS tickert um 19.10 Uhr über die Fernschreiber – befiehlt der Oberkommandierende der sowjetischen Truppen in Österreich, Generaloberst Wladimir Kurassow, die Übergabe des gesamten deutschen Eigentums in Ostösterreich an die Sowjetunion. Kurassows »Befehl Nummer 17« legt den Grundstein zum Aufbau eines sowjetischen Wirtschaftsimperiums in Ostösterreich, das in der Bevölkerung die Angst weckt, Moskau richte sich nicht auf vorübergehende Besatzung ein, sondern betreibe die Eingliederung Ostösterreichs in Stalins Machtbereich.

Die Proteste der Österreicher und der Westalliierten sind einhellig – und bleiben ohne Ergebnis. Die Sowjets bestehen darauf: Alles, was in ihrer Besatzungszone zu Kriegsende in deutschem Besitz war, geht in das Eigentum der UdSSR über. Krisensitzungen im Bundeskanzleramt, im Nationalrat und im

ÖGB jagen einander. Sogar die KPÖ spricht im Parlament noch von einer »Verhandlungsgrundlage« (Ernst Fischer) – dabei sind es von der Sowjetunion längst vollendete Tatsachen.

Die Westalliierten haben laut Potsdamer Abkommen ebenfalls das Recht, auf das deutsche Auslandseigentum zuzugreifen. Amerikaner und Briten, mit einigem Zögern auch die Franzosen schenken das deutsche Eigentum in ihren Zonen Österreich zwar nicht, aber übergeben es in Treuhandverwaltung – bis zum Abschluss eines Staatsvertrags. Österreich hat keine Besitzrechte, aber die praktische Verfügungsgewalt über diese Betriebe in den Westzonen.

In der Ostzone dagegen ist über Nacht ein exterritorialer Wirtschaftskonzern entstanden: Auf die Führung dieser Betriebe, ihre Geschäftsgebarung und auch ihre Steuerpflicht hat der österreichische Staat keinerlei Einfluss und Zugriff.

Wie groß dieser Sowjetkonzern USIA neben SMV und Sowjet-DDSG ist, zeigen diese Zahlen: Bis zu 471 Einzelbetriebe werden als USIA-Betriebe beschlagnahmt, davon 351 industrielle und Gewerbebetriebe, 100 Landwirtschaftsbetriebe und 20 sonstige Unternehmen. Wirtschaftlich intakt sind Anfang der 50er Jahre davon rund 250 Betriebe. Bei dem Rest handelt es sich oft um verwaiste Unternehmen oder reine Rechtstitel ohne Aktivbetrieb.

Im Jahr 1955 geben die Sowjets USIA-Grundbesitz von ca. 95 000 ha Ackerland und Wald an Österreich zurück.

Beschäftigt sind in den Sowjetbetrieben 1946 rund 22 000 Arbeiter und Angestellte, im Februar 1948 schon 45 000. 1955 errechnet das Finanzministerium einen Bestand von 53 200 Beschäftigten in 419 USIA-Betrieben.

Österreich wird ab 1946 nach dem Alleingang Moskaus durch eine wirtschaftliche Demarkationslinie geteilt. Ludwig Steiner: »Die Sowjets haben alles, wo nur ›deutsch‹ daraufgestanden ist, übernommen.«

Der langjährige KPÖ-Chef Muhri gibt im Rückblick zu, dass es für »diese Stimmung vor allem gegen die russische Besatzungsmacht« durchaus Gründe gab: »Einen Nährboden dazu lieferten auch die Übergriffe von Angehörigen der Besatzungstruppen sowie der Umstand, dass die Betriebe in der russischen

Besatzungszone, die deutsches Eigentum gewesen sind, gestützt auf entsprechende Beschlüsse der Alliierten zunächst von der Sowjetunion in Besitz genommen, verwaltet und genutzt wurden. Dazu gehörten insbesondere die USIA-Betriebe, die Sowjetische Mineralölverwaltung SMV und die DDSG sowie ein umfassender deutscher Großgrundbesitz, der jedoch größtenteils an Landarbeiter und kleine Bauern verpachtet wurde. Die Forderung nach Abzug aller Besatzungstruppen und nach Übergabe der sowjetischen Betriebe an Österreich war richtig. Die KPÖ hat dies, glaube ich, allerdings zu wenig aktiv in der Öffentlichkeit vertreten. Die ÖVP und die SPÖ haben diese Forderungen als nationales Anliegen lautstark propagiert.«[18]

Tatsächlich wurde die Kluft zwischen den Sowjetbehörden und den österreichischen Kommunisten immer größer. Wie sehr die KPÖ von Moskau übergangen wurde, schildert Ludwig Steiner in einer Anekdote aus den 50er Jahren: »Da war eines Tages die Frage der Westautobahn. Gegen die hat es eine heftige Kampagne der Kommunisten gegeben – das sei ›der Weg in die NATO‹ usw. Mit der Trassenführung der Westautobahn hatte es Folgendes auf sich: In Niederösterreich waren für die Autobahntrasse Grundeinlösungen nötig. Die waren (in der NS-Zeit) aber durch die deutsche Reichsautobahngesellschaft erfolgt, also deutsches Eigentum. Die Sowjets haben dieses deutsche Eigentum ebenfalls übernommen.

Dann hatte der Raab die Idee mit dem Ausbau der Autobahn. Damit wollte er in Niederösterreich beginnen – um zu zeigen, dass es nicht eine Frage ist, wie man schneller von Salzburg an die Enns kommt, sondern dass es auch in die andere Richtung [von Ost nach West, Anm.] geht. Raab hat den Russen immer gesagt: ›Die wird ja zweibahnig gebaut, da kann man hinundherfahren.‹ Das war eine wichtige Argumentation damals! Und Raab hat den Russen vorgeschlagen, dass der dafür einzulösende Grund deutsches Eigentum bleibe – und diese Frage erst später geregelt werde.

Dann gab es eine Debatte im Parlament, wo die Kommunisten wieder losgezogen sind gegen den Autobahnbau. Während der Debatte ist der stellvertretende sowjetische Hochkommissar Kudrjavcev ins Sekretariat gekommen – ich war damals dort –

und hat die Note der Sowjetunion übergeben, dass der Auto-
bahn-Grundbesitz bis zur Regelung der zukünftigen Rechtsla-
ge Österreich zum Bau der Autobahn zur Verfügung gestellt
wird.

Ich bin damit ins Parlament gerannt und hab es dem Bundeskanzler übergeben. Raab hat die Kommunisten zuerst einmal
wettern lassen. Dann hat er sich zu Wort gemeldet – und den
Kommunisten lakonisch gesagt, sie sollten sich doch einmal bei
ihren Freunden erkundigen, was da los ist. Und dann hat er den
Text der Genehmigung verlesen. Raab hat sich dann auch öffentlich bedankt bei den Sowjets. Da waren die Kommunisten
wirklich verblüfft!«

Die Spaltung Österreichs nicht nur militärisch-politisch, sondern auch wirtschaftlich bildet de facto 1946 bereits den Auftakt zum Kalten Krieg in Österreich. Hellmut Andics in seinem
Buch »Die Insel der Seligen«: »Die USIA-Betriebe, wie dieses
sowjetische Wirtschaftsimperium im östlichen Österreich sich
nannte, wurden zum eigenen Staat im ohnehin schon vierfach
geteilten Staate.«[19]

Die österreichische Regierung versucht zu retten, was zu retten
ist: Nach hektischen Krisensitzungen wird im Nationalrat die
Verstaatlichung wichtiger Industriezweige, Erbe der NS-Herr-
schaft, durchgepeitscht. Am 26. Juli 1946 beschließt der Nationalrat die Verstaatlichung der drei größten Banken des Landes,
des Kohle-, Eisenerz-, Bleierz-, Kupfererz- und Antimonberg-
baus, der Hütten- und Erdölindustrie, der wichtigsten Betriebe
der Maschinen- und Metallindustrie, des Fahrzeugbaus, der
Elektro-Industrie, der DDSG.

Der sowjetische Hochkommissar Wladimir Kurassow protestiert – die Sowjetbesatzungsmacht kann aber nicht verhindern,
dass diese Verstaatlichung der Schlüsselindustrien am 8. September 1946 in Kraft tritt. Die drei Westalliierten stimmen zu.
Der bis in die späten Jahre der Kreisky-Ära kritisierte überdi-
mensionierte Verstaatlichtenkonzern hat seinen Ursprung also
im Beginn des Kalten Krieges in Österreich.

Für die Westzonen hat dies weitreichende Auswirkungen: Die
Betriebe in den Westzonen können mit dem deutschen Eigentum, das die Westalliierten den Österreichern zur Treuhandver-

waltung überlassen, nach marktwirtschaftlichen Kriterien geführt werden, die Modernisierung der österreichischen Nachkriegswirtschaft ist dort möglich.

Dem steht die Sowjetverwaltung wichtiger Betriebe in der Ostzone gegenüber, in denen, meist nach sowjetischen Planvorgaben, im besten Falle betrieben und verwaltet wird, was vorhanden ist – von Modernisierung oder Investitionen ist dort bis zum Abschluss des Staatsvertrags keine Rede.

Eine wirtschaftliche Kluft zwischen Ost- und Westösterreich, ein West-Ost-Gefälle entsteht, dessen Folgen bis zum Ende des Kalten Kriegs spürbar bleiben.

Beschleunigt wird diese Entwicklung durch die große Nachkriegshilfe der USA für Europa, den Marshallplan ab 1947. Doch in Österreich ist der Wirtschaftskrieg zwischen Ost und West schon zu Sommerbeginn 1946 traurige Realität.

ohne weiteres zurückziehen – und tut das im Allgemeinen –, wenn sie irgendwo auf starken Widerstand stößt.«[20] Das Telegramm kursiert in Washington sofort in hundertfacher Kopie und wird unter dem Pseudonym »X« ein Jahr später in Kurzform veröffentlicht. Kennan selbst steigt zum Leiter des einflussreichen Planungsstabes im US-Außenministerium auf. Der weitere Kurs Washingtons liest sich wie die direkte Umsetzung des Kennan-Telegramms.

US-Präsident Harry S. Truman und Winston Churchill – als Premier abgewählt, nun Oppositionsführer – machen Anfang März 1946 öffentlich, wovor Churchill bereits ein Jahr zuvor vertraulich gewarnt hat. An der Universität von Fulton im US-Bundesstaat Missouri warnt Churchill am 5. März 1946: »Von Stettin im Baltikum bis nach Triest an der Adria ist ein Eiserner Vorhang über dem Kontinent niedergegangen. Hinter dieser Linie liegen alle Hauptstädte der alten Staaten Zentral- und Osteuropas – Warschau, Berlin, Prag, Wien, Budapest, Belgrad, Bukarest und Sofia. Alle diese berühmten Städte und die Bevölkerungen rund um sie liegen in dem, was ich Sowjetsphäre nennen muss!«[21]

Washington gibt Stalin die Schuld am Konflikt: In einer »Wahlrede« für den Obersten Sowjet hat Stalin am 9. Februar 1946 im Bolschoitheater neue Rüstungspläne angekündigt. Washingtons Konsequenz: Die Westmächte sollten nicht mehr um jeden Preis das Einvernehmen mit Moskau suchen.

In Franz Olahs Einschätzung galt die Antwort des Westens auch für Österreich: »Die Amerikaner haben gesehen: Wenn wir das auch zulassen hier in Österreich [kommunistische Machtergreifung, Anm.], dann ist Europa verloren! Das ist wie ein Dominoeffekt. Als Nächstes wäre Italien gefallen und dann Frankreich – da waren ja die Kommunisten in der Regierung, haben maßgebliche Ministerposten gehabt.«

Die USA antworten mit einer Doppel-Strategie: der »Truman-Doktrin« – und der von US-Außenminister Marshall entworfenen Aufbauhilfe für Europa.

Im März 1947 verkündet Truman vor dem US-Kongress seine Doktrin: Den freien Völkern soll im Kampf gegen innere und äußere Feinde (kommunistische Bewegungen) Unterstützung zuteil werden. Truman wendet sie sofort in der Türkei und Griechenland an, wo Bürgerkrieg herrscht.

Washington befürchtet einen Dominoeffekt: Nach US-Logik sind Westeuropa, Nordafrika, der Iran und der Nahe Osten bedroht, sollten Griechenland und die Türkei dem Kommunismus in die Hände fallen.[22] Zudem entzweit die Alliierten die Schlüsselfrage: Soll Deutschland auf niedrigstem Wirtschaftsniveau gehalten werden, wie Stalin fordert – oder soll es seine Versorgung rasch selbst tragen, wie die USA fordern? Nach zwei Hungerwintern droht die Krise Teile der europäischen Bevölkerung dem Kommunismus zuzutreiben. In Italien hat die Mitgliederzahl der KP bereits die 2-Millionen-Grenze erreicht. Man befürchtet eine Zunahme der Kommunisten auch in Westdeutschland.

Zur US-Aufbauhilfe für Europa ist es nur ein logischer Schritt. Am 21. Januar 1947 wird der Generalstabschef der US-Armee, George C. Marshall, als neuer US-Außenminister vereidigt – der Mann, der Trumans uneingeschränktes Vertrauen besitzt und den Churchill als »Organisator des Sieges« über Hitler-Deutschland bezeichnet. Eine Vorsprache des neuen US-Außenministers Marshall bei Stalin gegen Ende der Moskauer Außenministerkonferenz im April 1947 wird zur Schlüsselszene des Kalten Kriegs. Das Treffen überzeugt Marshall, dass Moskau auf Zeit spielt, bis die Lage in West- und Zentraleuropa immer ungünstiger wird, sodass die öffentliche Unruhe größer wird – das würde die Kommunisten immer stärker machen.[23]

Sofort nach seiner Rückkehr aus Moskau beauftragt Marshall den Planungsstab im State Department, ein Programm für Europas Wiederaufbau auszuarbeiten. Leiter: George Kennan. Sein Grundsatz: Europas Schwierigkeiten sind nur zu lösen, wenn der sowjetische Expansionismus eingedämmt wird. Er plant Programme, die in einem Zeitraum von vier bis fünf Jahren Europas Selbstversorgung sicherstellen sollen.

Es könnte sein, dass die Österreicher »Geburtshelfer« für den Marshallplan waren: Um die Frage des deutschen Eigentums regeln zu lassen, reisen Außenminister Gruber und Krauland, Minister für Vermögenssicherung und Wirtschaftsplanung, zur Außenministerkonferenz nach Moskau. Gruber und Krauland werden von den alliierten Außenministern kaum wahrgenom-

Zwischen Hamstern und Feilschen: Der Schwarzmarkt in Wien blüht – die Konsumwaren sind knapp, die Preise hoch

men. Das empört Gruber so sehr, dass er Marshall und dem Briten Bevin Beschwerdebriefe schickt: Amerikaner und Briten sollten doch endlich informierte Fachleute beiziehen. Der Protest Grubers löst heftige Reaktionen aus: SPÖ-Kreise finden, Gruber sei zu weit gegangen – London will Wien nahe legen, Gruber als Außenminister fallen zu lassen.[24]

Jahre später – so schildert der Zeithistoriker Manfried Rauchensteiner – soll Marshall in einer vertraulichen Unterredung erwähnt haben, dass es ebendiese fruchtlosen Gespräche über Österreich waren, die ihm bei der Moskauer Konferenz die Idee für das Wiederaufbauprogramm eingegeben hätten.

Schon am 28. April 1947 warnt Marshall im Rundfunk, dass »der Wiederaufbau Europas weit langsamer als erwartet vorankommt. Zersetzerische Kräfte sind bereits am Werk. Der Patient stirbt, während die Ärzte noch beraten.«[25]

Am 5. Juni 1947 hat Marshall ein Programm in der Tasche, als ihm von der Harvard-Universität mit dem Dichter T. S. Eliot und dem Physiker Robert Oppenheimer, einem der Väter der Atombombe, die Ehrendoktorwürde verliehen wird. In seiner Dankesrede verkündet Marshall sein Wiederaufbauprogramm für Europa: das »European Recovery Program« (ERP), populär geworden als »Marshallplan«. Schlüsselsatz: »Unsere Politik richtet sich nicht gegen irgendein Land oder irgendeine Doktrin, sondern gegen Hunger, Armut, Verzweiflung und Chaos.« Zugleich warnt Marshall alle, die sein Programm verhindern wollen. Offenbar ahnt er, welche Kluft sein Programm mit Moskau aufreißt.

Theoretisch steht allen Ländern die Teilnahme am Marshallplan offen. Praktisch ist klar, dass die Sowjetunion nicht beteiligt wird. Stalins Reaktion schildert Wladimir Jerofejew, sowjetischer Diplomat und Wirtschaftsexperte: »Stalin war sehr misstrauisch; ihm gefiel der Plan gleich vom Start weg nicht. Er sagte: ›Das ist ein Trick von Truman. Das muss man genau beobachten. Das ist nicht wie die amerikanische Unterstützung für uns mit den Leih- und Pacht-Verträgen ... Sie wollen nur die Volksdemokratien unserer Einflusssphäre entziehen, um sie zu gewinnen, sie zu infiltrieren, sie wegzuziehen von der Sowjetunion.‹«

Außenminister Molotow bestand darauf, Moskau müsse wenigstens das US-Angebot zur Marshallplan-Konferenz im Juni 1947 in Paris annehmen. Jerofejew: »Also fuhr Molotow zur Pariser Konferenz. Er hörte sich alle Vorschläge an und erkannte, dass es nicht so einfach war: Die Hilfe war an Bedingungen geknüpft. Stalin erhielt unterdessen Informationen, dass die Amerikaner unsere Teilnahme gar nicht wünschten ... Stalin wurde noch misstrauischer und hinderte die uns freundlich gesinnten Länder, am Aufbauprogramm teilzunehmen. Jugoslawien und Polen willigten ein. Finnland hatte noch keinen Friedensvertrag unterzeichnet und wollte diesen nicht gefährden, also zog es seine Teilnahme zurück – sehr abrupt.

Die Tschechen aber hatten vor, an der Konferenz teilzunehmen – deshalb berief Stalin Gottwald und Masaryk nach Moskau. Sie wurden stark unter Druck gesetzt ... So wurde ihre Teilnahme im letzten Augenblick verhindert. Neun Länder lehnten es ab, sich an der Konferenz zu beteiligen, 16 stimmten zu. ... Die Vereinigten Staaten wollten im Grunde nicht, dass die Sowjetunion und ihre Satelliten vom Marshallplan profitierten. Sie machten keine weiteren Anstrengungen, sie zu einer Teilnahme zu bewegen.«[26]

Die USA zählen Österreich nicht zu Moskaus »Satellitenbereich«: Der Teilnahme Österreichs am Marshallplan steht nichts im Wege. An dem Tag, an dem in Paris die Marshallplan-Konferenz eröffnet wird, gibt das US-Außenministerium bekannt: »Österreich steht an erster Stelle des europäischen Unterstützungsprogramms der USA und wird nicht nur als befreites, sondern als befreundetes Land angesehen.«[27]

Nach der Pariser Konferenz laden die Westmächte die Europäer zum Folgetreffen. Neun Staaten sagen ab: UdSSR, Tschechoslowakei, Polen, Ungarn, Jugoslawien, Rumänien, Bulgarien, Albanien und Finnland (aus Angst vor einer Konfrontation mit Moskau). Für den Marshallplan entscheiden sich auch die neutrale Schweiz und das neutrale Schweden.

Österreich bewirbt sich im Sommer 1947 als Vollmitglied am ERP – auch wenn Moskaus Hochkommissar in Österreich, General Kurassow, protestiert und die Sowjetpresse die USA beschuldigt, Österreich »kolonialisieren zu wollen«. Der offizielle Beitritt erfolgt am 2. Juli 1948.

Ab 2. April 1948 sind täglich bis zu 150 Schiffe von den USA über den Atlantik unterwegs, um Hilfsgüter zu liefern. Der Nutzen für Österreich ist enorm: Bis 1953 erhält Österreich US-Hilfslieferungen im Wert von 962 Millionen Dollar, einige laufen in Österreich ausnahmsweise bis 1955. Österreich wird in die Staatengruppe mit höchster Förderung gereiht – mit Island, Norwegen, Griechenland, Niederlande. Und weil es vom Krieg besonders hart getroffen ist, bekommt Österreich wie Griechenland die US-Hilfe als Schenkung – die anderen ERP-Länder müssen die Hilfe später zurückzahlen.

Der Löwenanteil der Hilfe erfolgt in Waren – nur ein Drittel ist indirekte Dollarhilfe. Bis 1950 besteht der Hauptteil aus Lebensmitteln und Brennstoffen, besonders Kohle. Anschließend kommen Investitionsgüter wie Maschinen, Traktoren etc. In der dritten und letzten Phase Geldinvestitionen in die Grundstoffindustrien, die Energieversorgung, die Exportindustrie und den Fremdenverkehr.

Die Hilfe wird der österreichischen Regierung übergeben. Sie stellt diese im Inland zum Verkauf – die Erlöse werden auf ein ERP-Counterpart-Konto bei der Nationalbank eingezahlt. Aus den Erträgen entwickelt sich die bedeutendste Wirtschaftsförderung und Strukturverbesserung in Österreich. Das Konto steht bis Anfang der 60er Jahre unter der Kontrolle der USA – per Gesetz vom 1. Juli 1962 geht es in die Verfügungsgewalt Österreichs über. 1994 verfügt der ERP-Fonds über ein Vermögen von 28 Milliarden Schilling.

Die wichtigsten Effekte des Marshallplans: Er ermöglicht das Anwachsen der Mittelklasse – dem Vordringen des Kommunismus wird ein »Wohlstandsriegel« vorgeschoben. Als der Marshallplan 1952/53 ausläuft, ist das Bruttosozialprodukt in Europa um mehr als ein Drittel gestiegen. Österreich kann in Sozialprogramme investieren – der Sozialstaat der 60er und 70er Jahre basiert auf den Effekten des Marshallplans.

Bemerkenswert die Reaktion Moskaus: Zwar hagelt es Angriffe gegen die Anbindung Österreichs an die Wirtschaft des Westens – aber abgesehen von der exterritorialen Führung der Sowjetzone enthält sich Moskau weiterer Gegenmaßnahmen.

Dennoch tut sich um Österreich eine der sensibelsten Fronten im Kalten Krieg auf: Österreich ist der einzige Staat Europas, der Marshallplan-Hilfe von den USA erhält, während Sowjettruppen im Land stehen. Außenminister Karl Gruber schreibt, der sowjetische Oberbefehlshaber Kurassow habe in einer Protestnote angekündigt, »von einer Durchführung des Marshallplanes in der Ostzone könne keine Rede sein«.[28] Es besteht besonderes westliches Interesse, die sowjetische Besatzungsmacht von ERP-Hilfe fern zu halten.

Fred Sinowatz über den Effekt des Marshallplans: »Der Ostteil Österreichs ist ja ausgespart gewesen von den ERP-Mitteln. Der Marshallplan ist als Faktum aufgefasst worden, das man sehr positiv beurteilt hat. Und: Man hat ihn sehr wohl gegen die sowjetischen Bestrebungen eingeordnet!« Sinowatz betont die psychologische Wirkung der Hilfe in der Bevölkerung: »Man darf nicht vergessen, was im Osten schon diese CARE-Pakete für eine Rolle gespielt haben: Das Gefühl, man bekommt vom Westen Hilfe! Die Russen haben zwar auch Hilfe geleistet – aber das hat im Volksmund ja gleich [abwertend] geheißen ›Erbsenschulden‹.«

Strikt müssen die österreichischen Behörden Sorge tragen, dass die USIA-Betriebe von Marshallplan-Investitionen ausgeklammert werden. Dagegen werden mit ERP-Geldern so genannte »Ersatz-Industrien« in den westlichen Besatzungszonen massiv ausgebaut: Betriebe, die die monopolartige Produktion von USIA-Betrieben in Ostösterreich ersetzen sollen – was nach der Rückgabe der Sowjetbetriebe 1955 große Integrationsprobleme verursacht.

Die ostösterreichische Industrie kann mit den Westzonen nicht Schritt halten. Die Sowjetzone gerät in Rückstand und wird zu Beginn des Wiederaufbau-Aufschwungs zum industriellen und wirtschaftlichen Notstandsgebiet.

Das wirtschaftliche West-Ost-Gefälle in Österreich hat – neben der Randlage Ostösterreichs als äußerster westlicher Vorposten am Eisernen Vorhang – im Kalten Krieg der Wirtschaftssysteme seine Wurzeln.

»Schnell muss das gehen – wir haben nicht lange Zeit!«

Österreich war das einzige Empfängerland des Marshallplanes, in dem sowjetische Truppen standen. Fred Sinowatz erlebte das Anlaufen der Aufbauhilfe im Burgenland: »Selbst damals haben die Menschen im Burgenland in einer Widerstandsgesinnung gegen Osten zur Kenntnis genommen, dass nichts [von der Marshallplan-Hilfe] herüberkommt. Das zweite Faktum war: Bei uns waren die Russen immer eine Besatzungsmacht – aber wir haben einen einheitlichen Staat gehabt und in solch einem einheitlichen Staat gelebt.«

Sinowatz erinnert an dieses Einheitsgefühl: »Ich war im Jahr 1950 als Student in England. Alle in England haben uns gesagt: ›Seid froh, dass ihr den Sowjets entkommen seid – jetzt könnt ihr ja dableiben!‹ Aber wir haben nie im Leben daran gedacht, das Land zu verlassen! Obwohl wir so antikommunistisch eingestellt waren, die Lage so unsicher war und wir eigentlich gar nicht berechtigt waren zu denken, dass die Sowjets einmal ein Land aufgeben, das sie besetzt halten. Für uns war das eine Selbstverständlichkeit: Wir werden einmal frei werden. Damals in England bin ich zum ersten Mal draufgekommen, dass wir Menschen in der Sowjetzone anders beurteilt werden. Dabei haben wir uns selbst aber wirklich als eine Einheit gefühlt – Österreich. Trotz Demarkationslinie!«

Die Ost-West-Krise über den Marshallplan wurde prompt im Besatzungsalltag Österreichs spürbar. Die Willkürakte der Sowjetbehörden stiegen 1947/48 schlagartig an.

Eine Kraftprobe mit der Sowjetmacht konnten die Österreicher aber bestehen. In den osteuropäischen Nachbarstaaten war ein entscheidendes Element kommunistischer Machtergreifung die Kontrolle über Polizei und Exekutive. In Österreich konnte die KPÖ nach dem Wahldebakel 1945 ein Schlüsselministerium nicht mehr halten: das Innenministerium. Der Kommunist Honner wurde vom Sozialisten Helmer abgelöst. Im Herbst 1947 folgte die Kraftprobe um die Exekutive: Helmer ernannte zuerst den Chef der Wiener Feuerwehr, Josef Holaubek, zum Wiener Polizeipräsidenten – dann versetzte er den kommunistischen Leiter der Staatspolizei, Heinrich Dürmayer, nach Salzburg und ersetzte ihn durch Oswald Peterlunger.

Dürmayer hatte, wie er selbst zugibt, eine schlagkräftige Truppe von 1000 Mann Staatspolizisten zusammengestellt, »durchwegs verlässliche Antifaschisten«. Dürmayer hinterließ einen gähnend leeren Tresor. Alles, was Peterlunger vorfand, waren zwei leere Aktendeckel. Dürmayer hatte alle wichtigen Geheimakten verschwinden lassen, sie tauchten nie mehr auf.[29]

Franz Olah dazu: »Das war doch Terror, den die Sowjets ausgeübt haben in ihrer Zone bis zum Schluss! Der Druck auf Gendarmerie und Polizei war enorm. Bis Helmer diesen Husarenritt gemacht hat. Aber: Die Sowjets haben das eingesteckt! Da hat man zum ersten Mal gemerkt: So ist es nicht, dass man nur zu kapitulieren braucht. Wenn die Sowjets echten Widerstand spüren, dann weichen sie auch ein bisschen zurück! Sie haben zwar geschimpft – aber akzeptiert.«

Dennoch wuchs ab Herbst 1947 die Angst vor der Willkür der Sowjets: Die Besatzungsorgane verbreiteten mit Verschleppungen Schrecken – oft verhafteten sie von der Straße weg. »Ab nach Sibirien!« wurde zur Angstparole der Österreicher.

Ein Fall war besonders spektakulär: Die Verhaftung und Verschleppung der ranghöchsten Mitarbeiterin von Peter Krauland, dem Bundesminister für Vermögenssicherung und Wirtschaftsplanung, Margarethe Ottilinger, am 4. November 1945 »auf der Rückfahrt von einer Dienstbesprechung in Oberösterreich am sowjetischen Ufer der Ennsbrücke«, wie die »Wiener Zeitung« berichtete. Krauland durfte weiterfahren, Ottilinger wurde verhaftet. Die Bundesregierung war machtlos.

Der »Fall Ottilinger« wirft ein Schlaglicht auf Österreich zu Beginn des Kalten Kriegs: eine Mischung aus Willkür einer Besatzungsmacht, Spionageverdacht, Verschleppung und Verschwindenlassen.

Margarethe Ottilinger, 29 Jahre alt, war seit 1947 Leiterin der Planungssektion im Bundesministerium für Vermögenssicherung und Wirtschaftsplanung unter Minister Peter Krauland. Sie war Österreichs Spezialistin für Informationen über die Sowjetbetriebe. Über ihren Schreibtisch liefen strategische Informationen über diese Betriebe, Direktiven für die Verwaltung der Marshallplan-Gelder und Pläne für den Wiederaufbau.

Zum Verhängnis sollte ihr eine Bekanntschaft mit dem sowjetischen Stahl-Fachmann Ing. Andrei Didenko zu Kriegsende werden. Er vertrat die Interessen der Sowjetunion an der österreichischen Eisen- und Stahlindustrie. Didenko sprang zu Jahresende 1946 bei einem Besuch der Hütte Linz zu den Amerikanern ab – laut Zeithistoriker Stefan Karner »möglicherweise mit Hilfe Kraulands«. Wie der Leiter des »Intelligence Coordination Branch« (ICB) des US-Geheimdienstes in Österreich, Oberstleutnant Edwin Kretzmann, berichtete, gab es Gerüchte, Ottilinger habe zu Didenko auch private Beziehungen unterhalten. Die Sowjets warfen Ottilinger später Heiratsabsichten und Anstiftung zur Flucht in den Westen vor.[30]

Ottilinger wurde im Schuldspruch im Jänner 1949 vorgehalten, sie habe mit Didenkos Hilfe Informationen über die Lage der USIA-Betriebe an den US-Geheimdienst weitergegeben. Sie wurde als »sozial-gefährliche Person« eingestuft, zu 25 Jahren Strafarbeitslager verurteilt und in ein »Sonderlager des Innenministeriums der UdSSR« eingewiesen: erst in die Lubjanka, das berüchtigte KGB-Gefängnis, dann in die Butyrka, das größte Gefängnis Moskaus. Schließlich wurde sie ins Hochsicherheitsgefängnis Wladimir überstellt. Nach Abschluss des Staatsvertrages kam sie Ende Juni 1955 auf einer Tragbahre schwerkrank nach Österreich zurück. Ein Jahr später wurde sie rehabilitiert, verlor aber ihren Ministeriumsposten.

Erst drei Jahre nach Ende des Kalten Kriegs gelang es Karner, den vom sowjetischen Innenministerium und vom KGB (bis 1954 MGB) angelegten Ottilinger-Akt in Moskau aufzustöbern und zu publizieren.[31] Der Strafakt beweist die Unschuld Ottilingers.

Der Fall Ottilinger war zweifellos der spektakulärste, doch er war nur die Spitze eines Eisbergs – wie Franz Olah in seinen »Erinnerungen« beschreibt: »In der Ostzone kam der ungeheure politische Druck der sowjetischen Besatzungsmacht hinzu, mit täglichen Einschüchterungen, Drohungen, Verhaftungen und Verschleppungen auch von politischen Funktionären, ja selbst von Abgeordneten. So wurden zwei niederösterreichische Abgeordnete – Ferdinand Riefler von der ÖVP und Franz Gruber von der SPÖ – von den Russen verschleppt und verurteilt. Gruber starb in der Haft. Ein anderes Mal musste der Sicherheitsdirektor Liberda über Nacht in die britische Zone flüchten, um nicht verhaftet zu werden.«[32]

Olah zur Gegenreaktion der Österreicher: »Unsere Abwehrmaßnahmen waren lebenswichtig! Wir haben gesagt, wir müssen die Bevölkerung immunisieren gegen den Druck. Durchhalten in der wirtschaftlich prekären Lage.«

Begleitet wurde das »Immunisieren der Arbeiterschaft« von einem West-Ruck in der SPÖ. An vorderster Front stand Franz Olah: »Ich bin 1948 nach Amerika auf Einladung der amerikanischen Gewerkschaften. Das war ein Novum – die Amerikaner haben vorher nie Europäer zu ihren Tagungen eingeladen. Bei Österreich haben sie gesagt: ›Wir wollen den Olah haben ...‹ Die Amerikaner haben alle auf Herz und Nieren geprüft, ob der vielleicht Nazi war. Bei mir haben sie gewusst: Der ist sieben Jahre im KZ gewesen, der könnte für uns etwas erreichen.«

Olah reiste mit ungewöhnlichem Auftrag nach Amerika, typisch österreichische Facette des Kalten Kriegs: »Selbst der kommunistische Vizepräsident Fiala hat im Bundesvorstand des ÖGB meine Delegation nach Amerika mit den Stimmen der Sozialisten beschlossen. Der Fiala kam damals zu mir: ›Schau, dass du für uns was kriegst [in Amerika].‹ Hab ich zu ihm gesagt: ›Was, für euch [Kommunisten] auch?‹ Hat er drauf gesagt: ›Ja natürlich, wir brauchen ja auch etwas!‹«

Olah zum Ergebnis seiner Amerikareise: »Mir ist in Amerika einiges in Gesprächen mit vielen maßgeblichen Leuten gelungen. Wir haben den Amerikanern eindringlich gesagt: ›Nur ja nicht aufhören, uns zu unterstützen!‹ Damals, 1948, ist ja der Marshallplan so richtig in Gang gekommen.«

Die Politik der Sozialisten war von kämpferischem Antikommunismus geprägt. Das strikte Kontaktverbot galt auch bei der ÖVP, doch 1947 kam es zum zaghaften Versuch der Kommunisten, einen Kontakt mit der ÖVP herzustellen. Unter dem Schlagwort »Figl-Fischerei« ging dieser Versuch gemäßigter Kommunisten um Ernst Fischer, das Gespräch mit der ÖVP um Leopold Figl zu suchen, in die Zeitgeschichte ein. Der Versuch wurde prompt zum Scheitern gebracht, indem er von Außenminister Gruber, der strikt gegen diesen Kontakt war und bei Bildung einer Moskau genehmen Regierung im Ausgleich gegen einen Staatsvertrag seinen Ministerposten verloren hätte, dem »Wiener KURIER«, dem Organ der amerikanischen Besatzungsmacht, zugespielt wurde.

Einer der Zeugen dieser »Figl-Fischerei« ist Ludwig Steiner: »Es war immer der Vorwurf im Raum, den haben natürlich die Sowjets über die Kommunisten geschürt, dass man nur auf die Amerikaner hört – und kein Mensch redet mit ihnen. Über verschiedene Kanäle – es war der Wiener Stadtrat Matejka (Wiener Kulturstadtrat von 1945 bis 1949) – ist dem Figl zugetragen worden: ›Es gibt Leute bei den Kommunisten, rede einmal mit denen.‹ Und der Kommunist Ernst Fischer hat dann mit Figl geredet. Das war lediglich ein Ausloten, was man tun kann. Nur: In dieser Zeit war das Reden mit einem Kommunisten Verrat. Eine groteske Situation. Denn andererseits musste Bundeskanzler Figl alle acht Tage zum sowjetischen Hochkommissär gehen!«

Sechs Jahre später musste Karl Gruber in derselben Causa als Außenminister seinen Hut nehmen, weil er im November 1953 in seinen Memoiren diese »Figl-Fischerei« noch einmal aufgewärmt hatte – die Tageszeitung »Die Presse« brachte einen Vorabdruck der Memoiren. Ludwig Steiner: »Ich habe als Sekretär Grubers miterlebt, wie er das Buch geschrieben hat. Der Gruber hat in seiner Vorsichtigkeit alles herausgenommen, was nur irgendwie politisch anstößig gewesen wäre. Der Molden meinte: ›Da muss ein bisschen etwas [Pfeffer] hinein!‹ Da kam eben das mit der Figl-Fischerei hinein!« Gruber schickte Steiner zu Figl, um ihn zu beschwichtigen: »Keine leichte Partie! Der Figl, ein gutmütiger Mensch, hat sich furchtbar aufgeregt darüber.

Ich habe versucht zu entschärfen – es hat nichts mehr genützt.« Nachfolger Grubers als Außenminister im Kabinett Raab II wurde im November 1953 Leopold Figl. Gruber wurde Botschafter in Washington. Raab wurde vom schlechten Gewissen über Grubers Absetzung geplagt. Ludwig Steiner, dann Raabs Sekretär: »Der Raab hat noch drei Wochen vor seinem Tod – ich habe ihn im Krankenhaus besucht – gesagt: ›Weißt du, das mit dem Gruber!‹ Raab hat bei der Entmachtung des Figl ein schlechtes Gewissen gehabt und beim Gruber auch. Aber er hat gesagt: ›Es war gut, dass der Gruber nach Amerika gegangen ist!‹ Das Verständnis für die Neutralität in Amerika zu wecken, da hat Gruber eine wichtige Rolle gespielt!«

Einen weiteren Nebeneffekt hatte diese »Figl-Fischerei«: die Kluft zwischen den Sowjetbehörden und der KPÖ wurde tiefer. Die Sowjets distanzierten sich sogar von der KPÖ mit den Worten zu Gruber: »Die Sowjetunion und ihre Organe in Österreich sind eine Sache, die Kommunistische Partei eine andere. Die beiden haben nichts miteinander zu tun. Was Fischer sagt, dafür ist ausschließlich er verantwortlich.«[33]

Als die Kommunisten mit den Versuchen gescheitert waren, weder über freie Wahlen noch über Absprachen Regierungsmacht zu erobern, änderten sie ihre Taktik: Es kam zu Straßenprotesten gegen den Sparkurs der Regierung – letztlich zu den Ereignissen von 1950.

Die österreichische Regierung hatte parallel zum Marshallplan einen rigorosen Sparkurs verordnet – ab Herbst 1947 mit dem 1. Lohn-Preis-Abkommen. Franz Olah: »Wir unternahmen den Versuch, die Basis der österreichischen Wirtschaft den Weltmarktbedingungen anzunähern, die Preise der landwirtschaftlichen Produkte und die öffentlichen Tarife anzuheben, die Subventionen etappenweise abzubauen und Löhne, Gehälter und Pensionen für alle Berufsgruppen der Unselbständigen am selben Tag zu erhöhen. Natürlich war das ein Experiment, ein Sprung ins Ungewisse, von dem wir wussten, dass er erst in Jahren zum vollständigen Erfolg führen konnte. Wir konnten nur hoffen, dass wir so lange durchhalten.«

Olah betont, wie riskant das für die Gewerkschaften war: »Betriebsrätekonferenzen, Betriebsversammlungen waren die Hölle

damals! Ich hatte eine solche Versammlung in der [Wiener] Kö-
nigsegggasse: Bau-Nebengewerbe, Bauhilfsgewerbe, Hafner,
Plattenleger, Fliesenleger, Stuckateure, Gipser, Dachdecker – es
waren ungefähr mehr als eintausend Leute in der Halle. Es war
entsetzlich! Die haben getobt – und ich musste ihnen sagen: ›Es
geht nicht, es gibt nichts mehr, wir können ’s nicht machen.‹
Die waren damals ja noch sehr stark kommunistisch unterwan-
dert. Die Obmänner der Berufsgruppen waren meist Kommunisten oder sie hatten einen kommunistischen Fachsekretär. Re-
solutionen haben wir gekriegt, täglich Dutzende Proteste aus
den Betrieben!«

Für Olah lag gerade hier der große Unterschied zu Osteuropa:
»Die im Sowjet-Einflussbereich waren nach zehn Jahren noch
immer dort, wo sie am Anfang waren. Wir wussten: Wenn wir
politisch bestehen wollen, müssen wir die wirtschaftliche Entwicklung schnell meistern. Schnell muss das gehen – wir haben
nicht lange Zeit! Wenn wir das nicht in ein paar Jahren bewälti-
gen, bricht alles zusammen! Die Folge waren die Preis- und
Lohn-Abkommen, die jedes Jahr etwas gebracht haben. In fünf
Jahren waren wir fertig. Das ist der Unterschied zu denen, die
in zehn Jahren noch nicht weiter waren!«

Die Kommunisten wussten um die Brisanz – und sahen ihre
Chance in Protesten. Fotos von Demonstrationen auf dem
Wiener Ballhausplatz mit »Hunger!«-Transparenten gingen um
die Welt. Schon im Mai 1947 kam es zu kommunistischen
Streikbewegungen in Wien. Im Sommer 1947 verschärfte eine
Missernte durch katastrophale Dürre die Lage.

Die Zeit drängte: Denn zwei Jahre nach Kriegsende hatte die
Industrieproduktion erst zwei Drittel des Standes von 1938 erreicht. Und die Schleichhandelspreise lagen 1947 noch immer
46-mal so hoch wie die offiziellen Preise. Die Preise drohten
der Kontrolle ebenso zu entgleiten wie die Löhne.[34]

In dieser Krisenstimmung trieben seltsame Blüten. Franz Olah
erinnert sich »an eine Betriebsrätekonferenz der Ziegeleiarbei-
ter von Wien und Niederösterreich bei mir in der Schottenfeldgasse. Ihre Beschwerden: ›Bei der Lebensmittelversorgung
klappt nichts!‹ Und dann: ›Die Schleichhändler gehören ja aufgehängt!‹ Nach Ende der Konferenz passen die Betriebsräte

von der Wienerberger Ziegelei den [Innenminister] Helmer ab und bitten ihn: ›Du musst uns helfen! Die Polizei hat uns eine Kuh beschlagnahmt!‹ Fragt der Helmer: ›Wie kommts ihr zu einer Kuh?‹ Sagen sie: ›Na ja, unsere Leute leiden beim Brennofen, das ist ja kein moderner, unter der großen Hitze. Zu essen haben wir auch nichts. Jetzt haben wir mit einem Bauern ein Abkommen: Er kriegt Ziegel für sein Haus – und dafür gibt er uns eine Kuh, die schlachten wir, so haben wir wenigstens einmal am Tag Fleisch.‹ Sagt der Helmer: ›Ihr habts doch gerade da drinnen gesagt, Schleichhändler gehören aufgehängt?!‹ Sagen die: ›Jaja – aber das ist doch etwas anderes.‹ So waren die Dinge damals: Grotesk!«

Für den Druck waren die Amerikaner mit Marshallplan-Auflagen mitverantwortlich. Franz Olah und Anton Benya bestätigen dies. Olah: »Die Amerikaner haben ja zu Recht gesagt: ›Verfresst nicht alles. Ihr müssts investieren, sonst steht ihr am Ende noch schlechter da als vorher.‹ Es war ja jährlich mit den Amerikanern ausgemacht, wie viel wir fürs Essen verwenden dürfen und wie viel für Investitionen und Maschinen. Die österreichischen Politiker hätten liebend gerne gesagt: ›Ein bisserl mehr Fleisch, ein bisschen mehr Butter ...‹ Die Amerikaner sind hart geblieben, Gott sei Dank!«

Anton Benya: »Die Amerikaner haben drauf geschaut, dass wir Industrie und Infrastruktur aufbauen. Die Italiener haben ja auch viel Geld bekommen – aber die haben halt geschaut, dass das Leben leichter wird. Wir haben aber doch lange Zeit trotz Hilfe Schwierigkeiten gehabt.«

Die Lage spitzte sich von einem Lohn-Preis-Abkommen zum nächsten zu. Olah: »Viel länger als fünf Jahre hätten wir nicht durchgehalten. Die Vernunft hat ihre Grenzen beim Essen, bei der Kleidung, bei der Lebenshaltung. Zuerst kommt das Fressen, dann die Moral.«

Dramatischer Höhepunkt: Die Proteste gegen das vierte Lohn-Preis-Abkommen im Herbst 1950.

1950 – Putsch oder Generalstreik?

März 1950. Im Wiener Apollo-Kino hat ein Film Premiere, der zum besten britischen Nachkriegsfilm werden sollte: Die Verfilmung des Graham-Greene-Romans »Der Dritte Mann«. Regie Carol Reed, Hauptdarsteller Orson Welles, die weltberühmte Leitmelodie »The Harry Lime Theme« von Anton Karas.
Der Film fängt die Atmosphäre im viergeteilten Wien ein. Er schildert die Erlebnisse eines amerikanischen Schriftstellers, der nach Wien anreist, um seinen Freund Harry Lime zu besuchen, aber nur noch zu dessen Beerdigung zurechtkommt. Der Chef der britischen Militärpolizei deutet an, Lime sei in dunkle Geschäfte verwickelt gewesen. Bei seinen Nachforschungen entdeckt der US-Schriftsteller, dass Lime Penicillin-Schieber ist, der seinen Tod nur vortäuschte, um sich der Verhaftung zu entziehen. Der Amerikaner hilft bei der Verfolgung Harry Limes mit – Höhepunkt ist eine spannende Jagd durch die Kanalisation Wiens.
Der Film fasst nicht nur die Stimmung im besetzten Wien ein – er ist das erste kulturelle Erfolgsstück des Kalten Kriegs.
Ein halbes Jahr später: Österreich im Krisenherbst 1950. Seit dem Startschuss für den Marshallplan hat sich der Kalte Krieg dramatisch zugespitzt. Zuerst um Berlin, als im Juni 1947 die Sowjet-Militäradministration die Blockade der Berliner Westsektoren verhängt. Dann setzt am 26. Juni die britisch-amerikanische Luftbrücke zur Versorgung Westberlins ein. Die Blockade wird erst im Frühjahr 1949 formell wieder aufgehoben. Nach der Berlin-Krise eskaliert ab 1948 die Korea-Krise, bis am 25. Juni 1950 der Koreakrieg ausbricht.
Franz Olah zur Stimmung im Herbst 1950: »Der Kalte Krieg

hat in dieser Zeit seinen Höhepunkt erreicht. Mit der Berlin-Krise war das ja allen sichtbar. Dann der Koreakrieg, er war Anlass für Kürzungen bei der Marshallplan-Hilfe und Verteuerungen bei Rohstoffen. Durch diesen Krieg sind die Preise in die Höhe geklettert. Das hat alles auch auf uns eingewirkt und sich in einer Stagnation bemerkbar gemacht. Marshallplan-Geld ist schon geflossen, aber nicht so viel, wie wir hätten kriegen sollen. Das hat alles beigetragen zu einer Krise mit Preissteigerungen, auch in der Landwirtschaft.«

Da trifft das 4. Lohn-Preis-Abkommen die österreichische Bevölkerung besonders hart. Anton Benya: »Dabei hat das vierte Lohn- und Preis-Abkommen ja, gerechnet nach Strich und Faden, effektiv ein kleines Plus gebracht. Aber die Kommunisten haben gespürt: Wenn das so weitergeht, geht die wirtschaftliche Entwicklung ein Stück hinauf. Das durfte nicht sein – denn die These der Kommunisten war: Elend macht die Leute zu Revolutionären. Dabei hatte sich doch gezeigt, dass Elend die Menschen in Wahrheit zu Reaktionären macht. Sonst wäre ja nie ein Hitler gekommen!«

Für Franz Olah ging es im Herbst 1950 um viel: »Wir wussten: Wenn die Kommunisten mit Unterstützung der Sowjets Schwierigkeiten machen, so geht's nicht nur um Politik. Es geht darum, unsere wirtschaftliche Entwicklung zu hemmen, zu demolieren. Denn wenn wir wirtschaftlich Pleite machen, dann ist die politische Pleite die nächste Folge. Der Wirtschaftskrise folgt immer die politische Krise! Die Streiks 1950 waren darauf ausgerichtet.

Klar waren die Leute unzufrieden, sie haben rebelliert! Aber sie wollten nicht die Kommunisten. Alles, was radikal war, war den Leuten unsympathisch. Wir mussten sie bei der Stange halten. Das ging ist nicht ohne Auseinandersetzungen!«

Franz Olah betont, wie wichtig ein entschlossener Kurs war: »Wir konnten nicht nachgeben! Wenn wir das Land erhalten und einen Staatsvertrag erringen wollten, dann nur, wenn wir selbst unter der Besatzung wirtschaftlich möglichst auf eigenen Beinen stehen können.«

Der Ablauf der Ereignisse im Herbst 1950 in Zeitraffer:

Am 23. September ist das Lohn-Preis-Abkommen in Geheimverhandlungen zwischen Regierung und ÖGB ausgehandelt. Aber schon Wochen zuvor hat die KPÖ dagegen gerüstet. Als der Lohn-Preis-Pakt im Ministerrat formell beschlossen werden soll, machen die Kommunisten mobil. Am 26. September 1950 marschieren in den Morgenstunden aus den Außenbezirken Wiens Tausende Arbeiter, vor allem aus den USIA-Betrieben, ins Stadtzentrum. 30 000 sollen es gewesen sein – zur Großdemonstration vor dem Bundeskanzleramt kommen nur noch 6000 bis 8000 an.

Dort hetzt der Kommunist Ernst Fischer die Demonstranten auf: »Die Regierung wagt es, hinter fest verschlossenen Polstertüren eine beispiellose Ausplünderung der arbeitenden Menschen zu beschließen ... Die Feiglinge haben sich vor den Massen versteckt, aber die Massen bekunden mit größter Erbitterung, dass es in Österreich nicht nur Amerikaner, Kapitalisten und Kettenhunde des Kapitals, sondern auch arbeitende Menschen gibt, deren Not zum Himmel schreit.«[35]

Im Bundeskanzleramt ist nur noch Kanzler Figl anwesend: Der Ministerrat war vorverlegt worden. Figl weigert sich, eine Delegation zu empfangen. Die KPÖ beschließt, den Streik zu unterbrechen, und beruft für 30. September eine Gesamtösterreichische Betriebsrätekonfrenz ein.

Rollkommandos, unter ihnen federführend der USIA-Werkschutz, gehen gegen »klassische Bürgerkriegsziele« vor: die Elektrizitätswerke und die Straßenbahnhöfe in der Sowjetzone Wiens. Da Polizei und Gendarmerie unzureichend ausgerüstet sind und die Exekutive von den Sowjetbehörden am vollen Alarmeinsatz gehindert wird, organisiert Franz Olah als Chef der Bau- und Holzarbeiter die Gegenwehr.

Rückblickend zeigt sich, dass die KPÖ in der Streikbewegung führend war. Aber die Protestbewegung greift von USIA-Betrieben und von der Sowjetzone auch auf nichtsowjetische Unternehmen und andere Besatzungszonen über. Besonders gefährlich ist die Lage in Linz und in der Steiermark: Dort sind, so der Historiker Manfried Rauchensteiner, »die Belegschaften des überwiegenden Teils der Mittel- und Großbetriebe im Ausstand. Firmen, die sich der (Protest-)Bewegung nicht anschließen wollten, wurden bedroht und, wenn es ging, gewaltsam besetzt«.[36]

Aufmarsch gegen das vierte Lohn-Preis-Abkommen 1950:
Kampfansage der Kommunisten an die Großparteien

Am 30. September 1950 versammeln sich in der Floridsdorfer Lokomotivfabrik 2417 Betriebsräte. Die Konferenz gipfelt im Ultimatum an die Regierung: Rücknahme der Preiserhöhungen, Verdoppelung der Löhne, Gehälter und Pensionen, gesetzlicher Preisstopp und keine Abwertung des Schillings. Andernfalls wird ein Generalstreik am 4. Oktober 1950 angedroht. Der Ministerrat lehnt das Ultimatum ab.

Am 4. Oktober dann die Konfrontation. Der Schwerpunkt der Kämpfe liegt im Osten: In Wien streiken 145 Betriebe – Kommandos der USIA-Betriebe fahren von Fabrik zu Fabrik, um gegen Streikbrecher vorzugehen. Mit Lastwagen voll Schotter und Sand wird in Wien versucht, die Schienen der Straßenbahnen auszufüllen und den öffentlichen Verkehr lahm zu legen.

In Wiener Neustadt werden Trupps aus dem USIA-Betrieb Raxwerke auf Lastwagen mit sowjetischen Kennzeichen ins Zentrum transportiert – sie besetzen Hauptpost und Telegrafenamt.

Auch in Oberösterreich, vor allem bei den VÖEST-Werken in Linz, flammt die Streikbewegung auf.

Doch am nächsten Tag die Wende: Der Exekutive gelingt es mit den Einsatztrupps des ÖGB, vor allem Olahs Bau- und Holzarbeitern, Streikzentren zu stürmen. In Wien schlagen Olahs Trupps in Floridsdorf, der Brigittenau und Donaustadt die Rollkommandos in die Flucht. In Wiener Neustadt können Polizei und Gendarmerie die besetzten Gebäude stürmen. Am Abend des 5. Oktober bricht die Streikbewegung zusammen.

50 Jahre später ist der Ablauf der Ereignisse kaum mehr umstritten – die Interpretation noch immer. Die Kommunisten werden nicht müde zu betonen, es sei ein Arbeitskampf gewesen. Von Gewerkschaftsseite wertet man die Ereignisse energisch als Versuch der Kommunisten, mit Schützenhilfe der Sowjets einen Umsturz, laut Olah einen Putsch geplant zu haben.

Vor allem Franz Olah verficht vehement die Version, dass es ein Putschversuch der Kommunisten war: der letzte, diesmal gewaltsame KP-Versuch, die Macht in Österreich zu erringen. Olah wohnte damals in der amerikanischen Zone Wiens und »musste vorsichtig sein: Denn ich bekam in diesen Tagen des Putsches und nachher Drohanrufe. Aber ich hätte mich nicht fangen lassen!«

Dagegen verharmlost der langjährige KPÖ-Chef Franz Muhri (1965 bis 1989) rückblickend die Ereignisse: »Als der vierte Lohn-Preis-Pakt, in Geheimverhandlungen ausgepackelt, verlautbart wurde, ist es zum Oktoberstreik 1950 gekommen, der fälschlicherweise von politischen Gegnern als ›kommunistischer Putschversuch‹ bezeichnet wurde. Das Ziel, die Hauptforderung des Streiks, der Demonstrationen und Kundgebungen war nicht ein politischer Umsturz, sondern die Rücknahme des 4. Lohn-Preis-Paktes und der damit verbundenen Belastungen für die arbeitenden Menschen. Das Ziel wurde … nicht erreicht.«[37]

Auch Anton Benya betont den Umsturzcharakter der Oktoberkrise 1950. Benya hatte ein Schlüsselerlebnis: »Wir waren damals einmal drei oder vier Tage lang Tag und Nacht im ÖGB drinnen. Da ist alles zugesperrt worden.« Eines Nachmittags begehrt der kommunistische ÖGB-Vizepräsident Fiala mit einigen Leuten Einlass – Benya verweigert es ihm. Benya: »Am

*Mit Sand und Schotter legen die kommunistischen
Rollkommandos den öffentlichen Verkehr in Wien lahm:
Höhepunkt der Straßenkämpfe 1950*

nächsten Tag ist der Fiala gekommen. Da sind wir dann zu dritt
beim Böhm gesessen: Der Böhm auf seinem Platz, der Fiala vis-
à-vis. Böhm zum Fiala: ›Sag einmal, du auf deine alten Tag wirst
auch nicht gscheiter! Das führt doch zu nichts!‹ Sagt der Fiala
zu ihm: ›Pass auf! Wenn es anders gekommen wäre, säße ich
jetzt dort (deutet auf Böhms Platz als ÖGB-Chef) und du da
(deutet auf seinen Sessel). Das nimm zur Kenntnis!‹ Das war
für mich der Beweis: die österreichischen Kommunisten waren
der Meinung, sie übernehmen mit Hilfe der Russen jetzt wichtige Funktionen!«
Für Olah war die Zielrichtung der KP klar: »Forderung nach
Rücktritt der Regierung – Neubildung der Regierung – Rücktritt der Gewerkschaftsführung – neue Gewerkschaftsführung –
ohne Wahlen die Dinge verändern.« Olah widerspricht vehement der Meinung, Zugeständnisse hätten die Unruhen verhindert: »Das wäre Kapitulation gewesen! Betriebe besetzen, Poli-
zisten prügeln – schon kriegt man womöglich einen Minister-

posten! Man kann das doch nicht belohnen – das wäre das Ende jeder Politik!«

Benya spricht Olah das »alleinige Monopol« auf die Niederschlagung der Proteste ab, er betont die Gesamtverantwortung aller ÖGB-Fraktionen: »Den Generalstreik hat Olah mit seinen Leuten allein nicht verhindern können! Denn in die Metallbetriebe konnte er nicht hinein – dort war eben die Fraktion der Metaller! Oder wenn ich den Eisenbahnern gesagt hätte: Machts das, dann hätten die geantwortet: Geht dich einen feuchten Dreck an, das machen wir alleine! Bei den Gemeindebediensteten das Gleiche. Die Gewerkschaften insgesamt haben Stärke bewiesen!«

Stand die Sowjetbesatzungsmacht damals hinter den österreichischen Kommunisten? Förderte und unterstützte sie gar die Unruhen?

Auch wenn die Sowjetbesatzungstruppen nicht aktiv in die Straßenkämpfe eingriffen, nahmen sie doch Einfluss auf die Ereignisse: Am 27. September wird Polizeipräsident Holaubek in das Hotel Imperial, den Sitz der Sowjetgeneralität, gerufen. Dort drohen ihm die Sowjets mit Verhaftung aller Polizeibeamten, die aktiv gegen die Streikenden eingreifen.

Anton Benya: »Uns wurde damals mitgeteilt, dass die Sowjets dem [Wiener] Bürgermeister Körner gesagt haben: Wer in der Ostzone bei einer Aktion erwischt wird, kann auf keine Milde rechnen. Deshalb haben wir dann viele Arbeiter bei der Gemeinde Wien angemeldet, als Helfer der Stadt Wien.«

Franz Olah: »Die Russen haben sehr wohl eingegriffen: Sie haben vor allem die Exekutive lahmgelegt. Sie haben gesagt: Gendarmerie und Polizei sofort weg – oder wir verhaften alle! In Niederösterreich wurde der ganzen Exekutive per Befehl der Besatzungsmacht verboten, gegen die Streikenden einzugreifen. Die konnten machen, was sie wollten: besetzen, verprügeln, Betriebe stürmen.

In Wiener Neustadt wurden die Beamten schwer verwundet, die mussten Postamt und den Bahnhof an die Kommunisten übergeben auf Grund der sowjetischen Interventionen. Besondere Terroristengruppen waren in diesen berühmten Raxwerken, dort war der Sitz der echten Terroristen.

Der Werkschutz war ja besser bewaffnet als die Polizei! Da war doch ein schwer bewaffneter Werkschutz zum Schutz der Öl-felder und der sowjetischen Betriebe.«

Allerdings bestätigt Olah, dass die Sowjettruppen kaum aktiv eingriffen: »Nein, bis auf den Fall, dass auf einem Gleis ein Panzer ›zufällig‹ stehen blieb. Die Sowjets haben nur noch ein-mal eingegriffen, sehr effektiv, als sie durch die RAVAG, den Rundfunksender in der Argentinierstraße, die Streikparolen verlautbart haben, als wären sie offiziell. Wir hatten durch den Sender Rot-Weiß-Rot die Möglichkeit, dem gegenzuwirken!

Nur eines war interessant: Als wir die Kommunisten aus den Betrieben hinausgeworfen und aus Staatsbahnhöfen hinausge-prügelt haben, da haben die Sowjets zugeschaut und nicht ein-gegriffen! Alle haben gesagt, die werden jetzt eingreifen – aber sie taten es nicht! Sie haben zugeschaut, wohin sich die Arbeiter und die Bevölkerung neigen.«

Anton Benya zum Verhalten der Sowjets: »Ob die Russen den Umsturz wollten? Versucht haben sie es schon! Mit der Wahl: Wenn die Streikwelle stark genug ist, dann ist es eben eine ›Volksbewegung‹. Da hätten sie noch immer sagen können: ›Das ist ja kein militärischer Angriff!‹« Allerdings meint Benya, »die Sowjets wollten sicher nicht eine große Differenz mit den anderen Besatzungsmächten. Das haben sie schon gewusst, dass das nicht gehen wird.«

Bemerkenswert für die Stimmung in Ostösterreich war, dass die Bevölkerung nicht nur gegen KP-Streikposten Front machte, sondern spontan auch gegen die sowjetischen Besatzungstrup-pen. Fred Sinowatz: »Bei uns [in Neufeld] kam es nicht nur zum Widerstand gegen die Kommunisten – sondern es war wirklich ein Widerstand gegen die Sowjetunion. Mich hat mein Onkel mitgenommen – da sind die Arbeiter von den Deutsch-Werken mit den LKWs gekommen und wollten die Arbeiter in der Jutefabrik dazu bringen, sich dem Streik anzuschließen. Da hat sich die Betriebsfeuerwehr am Straßenrand aufgestellt und dann sind die Frauen [Arbeiterinnen der Fabrik] mit Brettern auf die Kommunisten losgezogen. Das war unglaublich – da hat man richtig den Hass gesehen! Das saß ganz tief im Bewusst-sein der Leute! Auch wenn sie mit Härten zu kämpfen hatten –

etwa mit dem Lohn-Preis-Abkommen: Es war sehr wohl auch ein Widerstand gegen den Osten!«

Über Parteigrenzen hinweg kam es zur Zusammenarbeit zwischen ÖVP und SPÖ. Benya: »Wir haben im ÖGB mit dem Altenburger verhandelt. Damals, als bei der Urania Sand in die Straßenbahnschienen geschüttet wurde. Da hat der Altenburger mit seinen jungen Leuten, eine ganze Gruppe junger Leute aus der katholischen Studentenbewegung, aus den christlichen Gewerkschaften, mitgetan.«

Einen weiteren Effekt hatte die Krise 1950: Einige begannen geheime Widerstandsnetze aufzuziehen – um gewappnet zu sein, sollte es noch einmal zur Konfrontation kommen.

Geheime Netzwerke gegen die Russen

Wien am Samstag, dem 20. Jänner 1996. Die amerikanische Botschafterin in Wien, Swanee Hunt, sucht in Eile einen Gesprächstermin mit den Spitzen der österreichischen Regierung: Bundeskanzler Vranitzky, Vizekanzler Schüssel, Verteidigungsminister Fasslabend. Wer nicht teilnehmen kann, wird telefonisch kontaktiert.

Grund für die hastige Vorsprache der US-Diplomatin: Die US-Botschafterin entschuldigt sich formell bei der österreichischen Regierungsspitze. Kurz zuvor hat die US-Zeitung »Boston Globe« berichtet, dass es in Österreich noch immer geheime Waffenlager des CIA gibt. Angelegt in den Jahren 1950 bis 1954 in Oberösterreich, Salzburg und der Steiermark – vor allem nach dem Koreakrieg, auf Grund von Szenarien, »was passieren würde, wenn es auch in Europa zum Krieg käme und die Sowjetunion versuchen sollte, die nichtkommunistischen Länder Europas zu überrennen«.[38] Hunt beschwichtigt: Ein Relikt »aus der Zeit des Kalten Kriegs«.

Der Umfang der Waffenlager: 82 Waffenlager wurden zwischen 1951 und 1955 in Salzburg und Oberösterreich geplant – tatsächlich angelegt wurden 79. Ausgehoben wurden 1996 65 Depots, der Rest der 79 war bereits in früheren Jahren gefunden worden. Bei »Durchsicht alter Akten« sei man im CIA auf diese »vergessenen Waffenlager« gestoßen – sie sollten im Fall eines sowjetischen Vorstoßes antisowjetische Widerstandsgruppen in Kompaniestärke mit Maschinenpistolen, Karabinern, Pistolen, Munition und Sprengstoff für Anschläge hinter den Linien versorgen. Im Zuge der Nachforschungen stellte sich heraus, dass auch Briten und Franzosen vor dem Abzug Waffendepots in Österreich angelegt hatten – die Sowjets ebenso.

Die Entschuldigung der US-Botschafterin erzürnte einen Mann, dem man im Nachkriegs-Österreich zu Recht intimste Kenntnis amerikanischer Politik in der Besatzungszeit zuschreibt: Fritz Molden, Widerstandskämpfer gegen die Nationalsozialisten, Aktivist im Kalten Krieg gegen die Sowjets, Zeitungsherausgeber und Verleger, empörte sich ob der US-Entschuldigung bei den Österreichern. Vielmehr, so Molden in einem Interview, hätte sich die österreichische Führung für diese Hilfe der Amerikaner zu bedanken.

Denn, so Fritz Molden weiter, die Waffendepots wurden auf Bitte und mit Wissen der Regierung Figl angelegt. Erste Überlegungen habe es ab 1946 gegeben. Die Bundesregierung habe darüber keine Akten angelegt, nur ein ganz kleiner Kreis habe von der Existenz der Waffenlager gewusst. Fritz Molden: »Es war Wunsch der damaligen Regierung, dass uns die Amerikaner diese Waffen gegen die Sowjets liefern.« Die US-Regierung habe der Bitte der Regierung Figl entsprochen – und den CIA mit der Durchführung beauftragt.[39]

Mit den Waffenlagern direkt habe er nichts zu tun gehabt, bestätigt Fritz Molden – aber er sei sehr wohl damals bereits im aktiven Widerstand gegen die Bedrohung durch die Sowjets gewesen: »Wir waren jung, wollten studieren, uns aus dem Druck des Krieges lösen und Arbeit finden. Plötzlich stellte sich eine Bedrohung heraus, die stark näher kam.«

Otto Molden, Gründer des Europäischen Dialogforums Alpbach in Tirol, bestätigt im Zeitzeugen-Gespräch die Angaben seines Bruders. Otto Molden über die Widerstandspläne der Molden-Brüder: »Der Einschnitt war wohl der [kommunistische] Einfall in Südkorea 1948. Natürlich hat es auch schon vorher Signale gegeben – aber der Koreakrieg war der wesentliche Fall. Der Bruch kam 1948 in dem Augenblick, als Stalin fürchtete, dass die Amerikaner wieder [militärisch] aktiv werden. 1948 bis 1950 hatte Stalin sicherlich den Gedanken, in Europa einzubrechen. Es hätte zwar auf Dauer große Schwierigkeiten gegeben, aber er wäre auch nach Österreich gelangt.«

Laut Otto Molden führte diese Angst vor einem Sowjetvorstoß

weiter nach Westen sogar dazu, dass die Schweizer Armee ihre Grenzbefestigungen zu Österreich verstärkte: »Die Schweizer befürchteten, dass sich die Sowjets nicht nur mit dem Osten Österreichs zufrieden geben, sondern ganz Österreich besetzen. Deshalb hatten sie schon Bunker und Drahtverhaue (an der Grenze) gebaut und Stellungen in den Bergen, weil sie daran dachten, dass Österreich besetzt werden würde. Erst als die Amerikaner die Truppen verstärkten, wurden die Russen vorsichtiger ... Stalin war durch den Koreakrieg, den er ursprünglich für eine ›gmahte Wiesn‹ hielt, nachdenklich geworden. 1948/49 waren also für mich die gefährlichen Jahre, in denen das Misstrauen in den Kalten Krieg umgeschlagen ist.«

Die Konsequenz für die Brüder Molden und ihre Freunde: Aufbau einer Widerstandsgruppe – mit ihren Erfahrungen des Widerstands gegen das NS-Regime. Otto Molden: »Wir selbst haben Widerstandsgruppen gebildet, Waffenlager angelegt und uns in Salzburg getroffen, weil wir eine Besetzung ganz Österreichs durch die Russen für möglich hielten.«

Das Widerstandsnetz war vor allem zu Beginn des Kalten Kriegs aktiv. Otto Molden: »Anstrengungen dafür gab es von Ende 1947 bis 1950 – bis klar war, dass die Russen ungefährlich sind. Man hat die Lehren aus dem Nationalsozialismus gezogen. Ich bin überzeugt, dass verschiedenste Vorbereitungen getroffen worden sind, um sich wehren zu können – aber Kontakte gab es erst später.«

Ein anderes Widerstandsnetz, das offenbar länger als das der Brüder Molden existierte, hatte Franz Olah aufgezogen. Für ihn war die schlechte Mobilisierungskapazität der Exekutive gegen die kommunistischen Rollkommandos 1950 ausschlaggebend: »Wir haben das Netz für uns angelegt – zum Schutz von Gewerkschaftsräumen, Ämtern und Behörden. Wir haben Depots für Waffen angelegt, um im Notfall rasch eingreifen zu können zum Schutz unserer Staatsstruktur.«

Olah betont, dass sein Widerstandsnetz über die ÖGB-Struktur hinausging: »Dieses Netzwerk war nicht nur für den ÖGB gedacht, auch für Ämter und Behörden. Wir wollten sichergehen, dass wir im Ernstfall rasch eingreifen können – bis das offizielle Eingreifen staatlicher Stellen erfolgen kann.«

Olahs Netzwerk beschränkte sich nicht auf Wien: »Wir hatten Depots in Wien und auch Sendekopfstationen in den Landeshauptstädten. Auch bei mir in der Gewerkschaft gab es ein Depot – bei mir im Stahlschrank hatte ich für den Ernstfall einen Vorrat an Maschinenpistolen, Pistolen etc.« In seinen »Erinnerungen« führt Olah auch aus, dass in Wien zwei starke Sender mit Notstromaggregaten installiert waren – im Gewerkschaftshaus in der Schottenfeldgasse und im SPÖ-Haus in der Kalvarienberggasse. Die Waffenlager waren vor allem außerhalb der Sowjetzone, im Westen Österreichs angelegt. In Golling in Salzburg gab es ein Depot mit Winterausrüstung für eine ganze Kompanie. Und in Wien war ein Angestellter der Stadt Wien, ein ausgebildeter Waffenmeister, abgestellt, um die Ausrüstung in Schuss zu halten.[40]

Laut Olah wusste ein kleiner Kreis von seinen Plänen: »Für den Fall, dass die ÖGB-Zentrale lahmgelegt worden wäre, bekam ich auf Wunsch von Johann Böhm eine Bestätigung, die mir jederzeit den Zutritt zum Sender Rot-Weiß-Rot ermöglichte, um im Namen des Gewerkschaftsbundes durchzusagen, was die Lage erforderte. Vom US-Hauptquartier wurde mir zugesagt: Wenn es die Lage erfordere, egal zu welcher Tages- oder Nachtzeit, werde mich ein Militärjeep abholen und zum Sender bringen. Sollten die Sowjets durch eine direkte Intervention Wien bzw. die Ostzone isolieren, würde mich ein US-Militärflugzeug vorerst einmal in den Westen ausfliegen, um mir zu ermöglichen, nach Prüfung der Lage Widerstandsaktionen in Gang zu bringen.« Bescheid wusste der innerste ÖGB- bzw. SPÖ-Führungskreis: »Helmer, Böhm und Schärf waren über das Sonderprojekt informiert, allerdings ohne Kenntnis der Details der Organisation.«[41]

Zwar bestätigt Anton Benya die Existenz dieses »Olah-Netzes«, meint aber: »Olah hat dieses Netz ohne Wissen des ÖGB aufgezogen. Er [Olah] hat, das wussten wir schon, eine Gruppe in der Gewerkschaft gehabt, die bei Versammlungen dabei gewesen ist. Aber wir haben natürlich keinen Grund gehabt zu sagen, dass das nicht genauso ist [wie Olah behauptet] – wir wollten doch der Bevölkerung zeigen, dass es Möglichkeiten gibt, uns zur Wehr zu setzen.«

Außerdem betont Benya, dass das Olah-Netz nicht das einzige war. Der ÖGB hatte ein eigenes Netzwerk für den Krisenfall. Benya: »Ich habe solche Leute gehabt, Versammlungsschutz. Wir hatten im ÖGB ein Netz aufgebaut – wir haben mit Indikator-Telefon gearbeitet. Die Zentrale, damit sie sicher ist, war bei uns in der Albertgasse.«

Ob die ÖVP von den Vorbereitungen im ÖGB informiert war? Franz Olah: »Gesagt haben wir es ihnen nicht offiziell – aber ich glaube, gewusst haben sie es sehr wohl.« Außerdem habe man auch in ÖVP-Kreisen Lehren aus 1950 gezogen. Olah: »Einmal hat mir der Drimmel gesagt: ›Im Ernstfall könnt ihr auch auf die Organisationsstruktur des CV zurückgreifen!‹«

Auf eines legen sowohl Franz Olah wie auch Otto Molden Wert: Ihre Widerstands-Netzwerke hatten nichts mit den CIA-Waffenlagern zu tun – seien aber gedacht gewesen, im Ernstfall auch österreichischen Widerstand gegen eine sowjetische Besetzung zu unterstützen. Otto Molden meint, die Waffendepots wurden von den Amerikanern »bewusst angelegt, um Widerstand in Form von Partisanenkampf zu unterstützen.«

Franz Olah: »Die CIA-Waffendepots waren wohl auch für uns gedacht. Damals hat man mir von amerikanischer Seite gesagt: ›Im Ernstfall könnt ihr darauf zurückgreifen!‹« Dagegen dementiert Olah vehement jeden Konnex zur Geheimnetz-Affäre »Gladio« zur Bekämpfung des Kommunismus in Italien: »Es gab nie einen Zusammenhang mit ›Gladio‹ – davon hatten wir gar keine Ahnung!«

War mit Niederschlagung der Oktoberunruhen 1950 die kommunistische Putschgefahr für Österreich vorbei? Die Zeitzeugen meinen im Rückblick zwar, dass die Lage entschärft, aber die Gefahr noch nicht gebannt war.

Fred Sinowatz: »Die Konfrontation mit den Kommunisten ging weiter – wenn auch auf anderer Ebene: innerer Widerstand gegen die Kommunisten als Vertreter eines Systems, das abgelehnt wurde. Das ist damals schon in zunehmendem Maße in den Kalten Krieg gemündet. Denn da war der Eiserne Vorhang schon da. Dann wurde ständig die Frage des Staatsvertrages diskutiert – wobei damit vor allem der Abzug der Besatzungsmächte gemeint war. Dann diese unzähligen Konferenzen! Bis zum Staatsvertragsjahr hat das im Bewusstsein der Menschen ungeheuer lang gedauert. Und man hat den Russen die Schuld gegeben, dass das mit dem Staatsvertrag nicht funktioniert. Es war schon die Stimmung: pro Westmächte – und kontra Sowjetunion! Nicht allein intellektuell fassbar, sehr stark von Emotionen getragen!«

Auch Anton Benya betont, dass die Konfrontationsgefahr noch nicht vorbei war: »Es standen ja wieder Wahlen an – und die Kommunisten hätten das ja wieder ausnützen können, um Unruhe zu stiften. Zersetzung, das ist ihre Aufgabe gewesen, das Negative voranstellen. Aber die Bevölkerung hat dann doch erkannt, dass sie sich nicht ausnützen lassen sollte.«

Otto Molden meint, dass nach dem Oktober 1950 zwar die innere Gefahr vorbei war – nicht aber die äußere: »Eine innerösterreichische Gefahr hat es dann nicht mehr gegeben. Die Kommunisten waren ja kaum existent, weil der linke Flügel der Sozialisten so radikal war! Die Wahlen waren eine Blamage für die Kommunisten, der Putschversuch eine Niederlage. Der Kommunismus als innere Bedrohung war vorbei – nicht aber von außen: Stalin war unberechenbar! Die Gefahr einer großen Invasion Russlands in Europa war noch jahrelang gegeben!«

Rudolf Kirchschläger weist darauf hin, dass ab den 50er-Unruhen die Haltung der Österreicher in den Staatsvertragsverhandlungen kompromissloser wurde – nach dem Motto »Alles oder nichts«: »Im Jahre 1954 ist die Berliner Konferenz noch gescheitert für Österreich, weil Figl und Kreisky es abgelehnt haben, einen Staatsvertrag abzuschließen, bei dem alle vier Besatzungsmächte ein symbolisches Militärkontingent in Österreich belassen hätten können. Das wollte man nicht. Eine halbe Freiheit, so meinten sie, sei zu gefährlich.«

Eine schwierige Entscheidung. Selbst Raab soll wankelmütig geworden sein: »5000 Russen in Niederösterreich sind mir lieber als 50 000«, soll er laut Andics einmal gebrummt haben.[42] Doch dann setzte sich die Erkenntnis durch: Solange ein sowjetisches Militärkontingent in Österreich blieb, riskierte man, dass es im Krisenfall wieder aufgestockt wird.

Also Nein zu Molotows Angebot in Berlin 1954. Noch dazu, wo noch nicht abzusehen war, wohin Moskaus Kurs geht: Stalins Tod war auf der Berliner Viermächte-Konferenz erst ein Jahr her – seit seinem Todestag, dem 5. März 1953, hatte sich noch keine klare Führung im Kreml herauskristallisiert.

Zwischen Malenkow, Molotow, Bulganin, Chruschtschow tobte ein Machtkampf mit ungewissem Ausgang. Was drohen konnte, zeigte sich schon drei Monate nach Stalins Tod – als im Juni 1953 in der DDR der Arbeiteraufstand gegen das SED-Regime blutig niedergeschlagen wurde.

Noch ein Grund für die Österreicher, den vollen Sowjetabzug zu fordern. Für Kirchschläger war das die Wende: »Das war die große politische Entscheidung! Indem man nicht auf die halbe Freiheit eingegangen ist, sondern gesagt hat: Die ganze Freiheit oder keine! Dass das für Figl und Kreisky schwierig war, nachdem sie beide Abgeordnete in der Sowjetzone in Niederösterreich waren, kann man sich vorstellen!

Die Leute jedenfalls wollten nur eines: Das Gros der Russen sollte weg sein! Es drehte sich in Wirklichkeit alles um den Abzug der sowjetischen Besatzungsmacht.

Die Amerikaner haben die Lage nicht so positiv eingeschätzt. Die Amerikaner hatten Angst, die Österreicher könnten den Russen hineinfallen und es könnte sich das ungarische und das tschechische Beispiel – von Rumänien, Bulgarien gar nicht zu reden – in Österreich wiederholen. Deshalb haben die Amerikaner mit großer Skepsis dieser Reise [der österreichischen Vierergruppe] im April 1955 nach Moskau entgegengesehen.«

Diese Moskaureise sollte nach zehn Jahren Wartezeit den Durchbruch für Österreich und zugleich den großen Sonderfall des Kalten Kriegs bringen: Rückzug Moskaus von einem Territorium, auf dem die Rote Armee stand.

»Die ganze Freiheit oder keine!«

Franz Olah, der im Oktober 1950 den Widerstand gegen die
USIA-Rollkommandos angeführt hat, sieht eine logische Entwicklung direkt von der 50er-Ereignissen zum Abschluss des
Staatsvertrages viereinhalb Jahre später: »Die Russen haben gesehen: In Österreich ist nichts zu holen, außer mit äußerster
Gewalt. Das konnten die sich nicht mehr leisten. Die Zeiten
waren vorbei. Dort, wo sie geherrscht haben, haben sie kein Jo-
ta nachgelassen – eher den Terror verstärkt. Aber sie konnten
sich keine neue Eroberung mehr leisten.
Die Russen wollten noch eine Geste setzen. Demonstrieren,
dass die Sowjets wieder am Verhandlungstisch sitzen mit den
Westmächten. Und zweitens wollten sie, obwohl das nicht ganz
gelungen ist, eine gewisse Entlastung, nachdem sie in Berlin
und Korea Schiffbruch erlitten hatten.«
Szenenwechsel. Herbst 1995 in Moskau. Im »Zentrum für die
Bewahrung zeitgenössischer Dokumente« werden, kaum be-
achtet, Dokumente zur öffentlichen Einsicht aufgelegt.
Boris Jelzin löst ein Wahlversprechen für seine Wiederwahl als
Präsident ein: Er lässt Dokumente von »historischem Wert« aus
geheimen Beständen des Kreml den staatlichen Archiven übergeben. Rund 20 000 Akten erhalten das »Russische Zentrum für
das Studium und die Bewahrung von Dokumenten der Zeitgeschichte« und das »Zentrum für die Bewahrung zeitgenössischer Dokumente«.
Unter den freigegebenen Geheimakten der Sowjetära ist ein Dokument mit dem Titel »Zentralkomitee Plenum der KPdSU neunte
Sitzung, Schlussworte des Genossen N. S. Chruschtschow, 12.
Juli 1955«. Das Sitzungsprotokoll erweist sich als ein Schlüssel-
dokument für die österreichisch-sowjetischen Beziehungen.

Es war nur wenige Wochen nach Abschluss des österreichischen Staatsvertrags, als Nikita Chruschtschow – im Selbstbewusstsein neuer Stärke gegenüber seinen Konkurrenten um die Kremlmacht – das Beispiel Österreich zum Anlass nimmt, um Stalins langgedienten Außenminister Molotow vor den Genossen bloßzustellen.

Das Protokoll gibt ein Sittenbild sowjetischer Machtpolitik im Kalten Krieg. Und es zeigt die Absichten, die Chruschtschow mit dem Staatsvertrag wirklich verfolgte. Nach Analyse der Beziehungen zu Jugoslawiens Tito kommt Chruschtschow am 12. Juli 1955 auf Österreich zu sprechen:

»Nun zu Österreich. Das ist ein sehr wichtiges Thema. Ich erinnere mich, wie Stalin, ungefähr ein Jahr vor seinem Tod, mehrmals sagte: ›Warum schließen wir nicht einen Vertrag mit Österreich ab?‹ Aber diese Sache wurde aufgeschoben; es hieß, wir könnten sie nach Triest lösen. Als die Triestfrage geklärt war, fragte Genosse Stalin wieder: ›Warum schließen wir nicht einen Vertrag mit Österreich ab?‹

Nach Stalins Tod kamen Genosse Malenkow und ich einmal mit dem Genossen Molotow auf Österreich zu sprechen. Er erzählte uns, dass die Österreichfrage eine sehr komplexe wäre, die wir uns offen halten müssten, und dass ihre Lösung verschoben werden musste.

Hier, vor diesem Plenum, will ich offen sagen, dass ich dem Wort des Genossen Molotow zu allem glaubte und wie viele von uns dachte, dass er ein großer und erfahrener Diplomat wäre.

Manchmal schaut man, überlegt und denkt sich: Verdammt, vielleicht verpasse ich etwas! Schließlich ist es das, was es bedeutet, ein Diplomat zu sein – er versteht alles und ich verstehe nichts (Gelächter im Saal). Ich sage euch das in aller Aufrichtigkeit.

Zeit verging und ich wollte noch immer herausfinden, was Molotow in der Österreichfrage verstand und warum er darum kämpfte, ihre Lösung hinauszuzögern, aber ich kann es nicht verstehen.

Ich kam zur Schlussfolgerung, dass es für uns keinen Grund gab, diese Angelegenheit zu verzögern, zumal die Zeit gegen uns zu arbeiten begann. In Österreich verlieren wir unsere gute Position, indem wir die Lösung der Frage eines Friedensvertrages mit dem Land hinauszögern. Ich sagte einmal zum Genossen Bulganin: ›Weißt du, was ich glaube, Nikolai Alexandrowitsch? Meiner Meinung nach erinnert die Österreichfrage, so wie Molotow sie versteht, an ein Ei, das verdorben ist. Bald wird man es auf den Mist werfen müssen, weil sich alles ändert und es wertlos wird, sie positiv zu lösen. Und das ist wirklich so.

Aber wenn wir wenigstens auf halbem Weg zu einer Lösung der Österreichfrage gekommen wären, als die Ereignisse in Zusammenhang mit dem Paris-Agreement [Pariser Verträge vom 23. Oktober 1954 über die Aufnahme Westdeutschlands in die NATO] gerade reiften, dann hätte das Thema dieser Abkommen in einer anderen Art und Weise erscheinen können.

(Stimmen vom Präsidium): Korrekt.

(Stimmen aus dem Saal): Das Pariser Abkommen wäre nicht zustande gekommen.

Chruschtschow: Wir brachten die Österreichfrage in einer Diskussion des ZK-Präsidiums vor. Ich sagte zu Genossen Molotow: ›Hör zu, Wjatscheslaw Michailowitsch, du verstehst dieses Thema. Aber einige Genossen und ich verstehen nicht, warum wir den Abschluss eines Vertrags mit Österreich verzögern sollten. Erkläre uns, wie du es siehst. Vielleicht werde ich es dann anders sehen; schließlich sind wir ja keine Idioten. Und wenn ich es begreife, werde ich dich unterstützen; schließlich sehe ich derzeit darin überhaupt nichts Kompliziertes. Ich sehe nur Dummheit auf unserer Seite, die aus der Tatsache herrührt, dass wir den Abschluss eines Friedensvertrages mit Österreich aus keinem erkennbaren Grund hinauszögern.

Wir diskutierten das Thema und kamen zum Schluss, dass wir einen Friedensvertrag mit Österreich beschließen und sicherstellen sollten, dass Österreich ein neutraler Staat wird.

Als wir zu solch einer Entscheidung kamen, sagte Genosse Molotow: ›Es ist gut, dass es auf diese Weise entschieden wurde. Übrigens habe ich gegen solch eine Entscheidung nicht Einspruch erhoben.‹

Genossen! Wir, alle Mitglieder des Präsidiums, sprachen jeder zweimal mit Molotow und berichteten ihm, dass es notwendig wäre damit aufzuhören, die Österreichfrage weiter zu verzögern, und sie zu lösen. Und ihr wisst, wie normalerweise Fragen im Präsidium gelöst werden – wir sprechen nicht darüber, weil alles schon klar ist und dasjenige Thema, das zur Prüfung eingebracht wurde, keine zusätzliche Klärung braucht. Und hier, ich wiederhole es, sprachen wir alle mehrere Male, ohne den Genossen Molotow zu überzeugen, dass es unmöglich war, diese Angelegenheit noch weiter zu verzögern.

Kaganowitsch: Und wir sprachen ziemlich scharf [darüber]!

Chruschtschow: Während der Diskussion fragte ich Genossen Molotow: ›Sag mir bitte, bist du für oder gegen Krieg?‹

›Nein‹, sagt er, ›ich bin gegen den Krieg!‹

›Was erreichst du dann damit, dass unsere Truppen weiterhin in Wien sitzen? Wenn du für Krieg stehst, dann wäre es korrekt, in Österreich zu bleiben. Es ist ein Brückenkopf, und nur ein Narr würde solch einen Brückenkopf aufgeben, wenn er jetzt einen Krieg plante. Wenn du aber nicht für Krieg bist, dann müssen wir abziehen. In unserem Land verstehen dich die Kommunisten nicht; die österreichischen Kommunisten verstehen dich nicht und die österreichischen Arbeiter beginnen unsere Truppen als Besatzer zu sehen. Die Kommunisten im Ausland verstehen uns auch nicht. Warum sitzen wir in Österreich; worauf warten wir dort?‹

Genosse Molotow wurde beauftragt, einen [Vertragsentwurf] vorzubereiten. Er legte den Entwurf vor, aber dieser besagte, dass, wenn ein Anschluss Österreichs an Deutschland vorbereitet werden sollte, wir uns das Recht vorbehalten, unsere Truppen nach Österreich [zurück] zu führen. Es gab eine Menge aller Arten von Unsinn in dem Entwurf, der vom MID vorgelegt wurde.

Ich sagte zum Genossen Molotow: ›Hör zu, wir müssen die Dinge realistisch und konkret betrachten. Angenommen wir schaffen es, einen Vertrag abzuschließen, in dem das [mit dem Anschluss, Anm.] steht. Stell dir dann vor, sie bereiten einen Anschluss vor. Dann, nachdem wir das entdeckt haben, wird alles bereitgemacht für einen Anschluss – Artillerie wird in Stellung gebracht, wo sie sein sollte, und Truppen werden zusammengezogen. Dann aber, sie sind keine Narren und wissen, dass, sollte es einen Anschluss geben, wir den Anschluss bekämpfen und ihn, wahrscheinlich, zurückweisen können. Also, in einer solchen Situation würdest du einen Krieg beginnen?‹

Ihr habt ja nicht vergessen, dass die Österreicher und die Deutschen Nationen sind, die einander sehr nahe sind. Wenn jemand solche Bedingungen stellt: die Russen von den Ukrainern oder den Weißrussen zu trennen – was würden wir sagen? Wir würden ohne Gedankenpause sagen: ›Zeig deine Vorschläge der Gottesmutter!‹

Warum sollten wir unsere Nasen in diese Angelegenheit stecken? Erinnert euch doch, was bereits passiert ist. Nach dem Ersten Weltkrieg hat sich Frankreich Rechte für das Saarland, das Ruhrgebiet und das Rheinland reserviert. Aber Hitler kam an die Macht in Deutschland. Er bedrängte Frankreich, eignete sich Saarland, Ruhrgebiet und Rheinland an – und was wurde daraus? Eine Enttäuschung. Die Franzosen blamierten sich, zumal klar wurde, dass Frankreich gar nicht in der Lage war, sich zu verteidigen. Und Hitler, der frech geworden war, begann Truppen für andere expansionistische Abenteuer zu mobilisieren.

Ich sagte zu Molotow: ›Warum sollten wir tun, was du in Österreich vorschlägst? Sichern wir doch unsere Stärke zu Hause – und jeder wird uns korrekt verstehen.‹

Und deshalb, als wir alle Druck auf ihn ausübten, konnte er nur noch sagen, ich stimme zu; wir müssen jedweden Vertrag unterbreiten, den ihr vorschlägt. Nach der Lösung der Österreichfrage begannen sie im Ausland zu schreiben, wie weise und welch guter Diplomat Molotow doch wäre und mit welch großem Geschick er sich der Österreichfrage angenommen habe. Ich sagte sogar einmal zum Genossen Bulganin: ›Wahrscheinlich liest Molotow solche Artikel gar nicht gerne.‹ Schließlich wissen wir alle, welche Position Genosse Molotow zu diesem Thema bezogen hat. Und dann sagte er auf einem Treffen des ZK-Präsidiums: ›Habe ich wirklich etwas gegen die Lösung der Österreichfrage gehabt?‹

Vielleicht wird er in einem weiteren Monat behaupten, er habe die Lösung der Jugoslawienfrage ebenfalls empfohlen?«[43]

So weit Chruschtschows Brandrede am 12. Juli 1955. Zwei Jahre

*Durchbruch zum Staatsvertrag: Die erfolgreiche
Österreicher-Delegation Raab, Schärf, Figl und Kreisky bei der
Rückkehr aus Moskau in Vöslau*

später ist der altgediente Sowjetdiplomat Molotow aller
Führungsämter enthoben, von Chruschtschow geächtet und als
Botschafter in die Mongolische Republik verbannt.

Die Analyse Chruschtschows, die zum Sturz des Seniors der
Sowjetdiplomatie beitrug, deckt sich mit Berichten österreichischer Zeitzeugen von den Ereignissen, die im Frühjahr 1955
zum Staatsvertrag führten.

Ludwig Steiner, als Sekretär von Kanzler Julius Raab Mitglied
der österreichischen Delegation in Moskau im April 1955, erinnert sich an das große Abendessen im Kreml nach dem entscheidenden Durchbruch bei den Staatsvertragsverhandlungen:
»Es war im April 1955, nach diesem großen langen Abend, als
zur Feier das Abendessen im Kreml stattfand. Auf einmal
taucht beim Essen Chruschtschow auf und führt den großen

Spruch. Chruschtschow war ja vorher für uns Österreicher gar nicht sichtbar. Die Verhandlungen haben ja Molotow, Mikojan und Bulganin geführt.

Wir saßen danach im Kreml an kleinen Tischen zusammen. Malenkow, Chruschtschow, ein Dolmetscher, Dr. Grubmayr von der Botschaft – und wir von der Österreicher-Delegation. Da hat der Chruschtschow zu mir gesagt: ›Wir haben beide ja gleichzeitig Geburtstag am 14. April!‹ – und hat die Speisekarte für mich signiert. Dann hat er Gedichte aufgesagt, die er gemacht hat, als er im Bergwerk war.

In dieser gelösten Stimmung hat Chruschtschow immer wieder betont, was er für uns Österreicher gemacht hat – und wie schwer es für ihn war, im Politbüro dafür eine Mehrheit zu bekommen!«

Chruschtschow behielt diesen Eindruck in Erinnerung. Denn wie Steiner berichtet, kam er beim Gipfel mit Kennedy 1961 in Wien darauf zurück: »Es war in Schönbrunn. Da deutet Chruschtschow auf mich und sagt: ›Der da weiß, dass ich für euch den Staatsvertrag gemacht habe.‹ Sag ich ausweichend: ›Ich habe nur gesehen, wie Molotow unterschrieben hat.‹ Chruschtschow war darauf sehr ärgerlich. Dreimal hat er das noch gesagt. Und dann später noch einmal, als ich mit dem Gorbach in Moskau war. Also, ich bin überzeugt, dass er es war, der diese Politik im Kreml durchgesetzt hat.«

Steiner zu Chruschtschows Motiven für den Staatsvertrag: »Mit dem österreichischen Staatsvertrag hat für die Sowjetunion die Öffnung zur Welt begonnen. Chruschtschow – ich habe ihn in späterer Zeit viermal gesehen – hat immer wieder gesagt, wie wichtig es war, dass sich die Sowjetunion nach außen geöffnet hat. Sie war intern am Ende und hat im Westen überhaupt kein Vertrauen mehr gehabt. Der Sowjetstaat hat sich vom Westen abgekapselt, aber der Westen hat seinerseits die Sowjetunion ununterbrochen ins Eck gestellt.«

Das Signal der Öffnung war für Chruschtschow wichtig – nicht das Argument, mit dem neutralen Österreich einen Keil in die NATO zwischen Deutschland und Italien zu treiben. Steiner: »Chruschtschow hat betont: ›Ihr müsst euch vorstellen, was das für uns bedeutet, dass ein Sowjetsoldat von dort zurückgezogen wird, wo er einmal steht!‹ Diese Rederei vom Keil in die NATO! Das war für die sowjetische Strategie völlig uninteressant! Den Sowjets war klar, dass diese 110 oder 120 Kilometer im Falle eines Konfliktes keine Rolle spielen!«

Rudolf Kirchschläger – im Mai 1955 Mitglied der österreichischen Delegation bei der Botschafterkonferenz über den Staatsvertrag in Wien, dann mit dem Chef der Völkerrechtsabteilung im Außenministerium, Stephan Verosta, Mitautor des Neutralitätsgesetzes – betont: »Es war ein Versuch der Sowjetunion, internationales Prestige zu gewinnen – nicht bei den Kernmächten Amerika und England, sondern bei den kleinen Staaten Afrikas und Asiens. Chruschtschow hat selbst einmal gesagt, dass er das Prinzip der friedlichen Koexistenz an Österreich praktizieren wollte. Um glaubhaft zu machen, dass die Sowjetunion mit einem demokratischen Staat zur friedlichen Koexistenz, also dem friedlichen Wettbewerb in wirtschaftlichen und kulturellen Bereichen, bereit ist.«

Für Rudolf Kirchschläger war »das alles Ausfluss des Kalten Kriegs«: »Chruschtschow hat einmal gesagt: ›Wir haben den Österreichern hinreichend Möglichkeit geboten, das System der Zukunft, das sozialistische System, anzunehmen. Sie haben es immer abgelehnt, sie haben sich auf einen dürren Ast gesetzt,

Österreich ist frei: Unterzeichnung des Staatsvertrages am 15. Mai 1955 im Belvedere

sie werden einmal herunterfallen mitsamt dem Ast – aber das ist ihre Sache. Sie haben es selbst gewählt.‹ Daraus sieht man die Denkformen der Russen oder zumindest die Chruschtschows sehr gut.«

Dass die Neutralität in den Frühjahrstagen 1955 nicht selbstverständlich war, betont Ludwig Steiner: »Als wir von Moskau zurückgeflogen sind und in Vöslau ankamen, zieht mich der [SPÖ-Innenminister] Helmer plötzlich zur Seite und sagt: ›Wer hat euch in Moskau erlaubt, über die Neutralität zu reden!?‹ Das ist für mich eine bleibende Erinnerung.«

Auch wenn sich später viele, allen voran Bruno Kreisky, als ihr Erfinder ausgaben – für Steiner ist und bleibt Julius Raab der Vater der Neutralität: »Schon an meinem ersten Tag als Sekretär beim Bundeskanzler hat mir Raab gesagt: ›Was ich will, ist die Neutralität.‹ Da war er von der Schweiz her geprägt. Sein Bruder, der Heinrich Raab [der in der Schweiz lebte], hat ja Seite um Seite nach Wien geschrieben. Heinrich Raab hat ja alles im Detail gesagt.« Zu Kreisky meint Steiner: »Kreisky hat ewiglich das Erstgeburtsrecht dafür beansprucht. Mag sein, dass er es innerhalb der SPÖ war. Aber er hat dafür innerparteilich doch keine Mehrheit gehabt.«

Rudolf Kirchschläger zum »Erfinderstreit« der Neutralität: »Auch wenn es hier den Streit gibt, wer der Vater, wer die Mutter [der Neutralität] war: Ich lasse mich in diese nachfolgenden Verdienstquerelen über die Neutralität nicht ein! Jedenfalls waren am Ende alle dafür!«

Symbolhaft für diese Phase des Kalten Kriegs: Der Staatsvertrag wurde im Schloss Belvedere am Tag nach der Gründung des Warschauer Paktes unterzeichnet – Molotow war direkt von der Vertragsunterzeichnung angereist. Das militärische Ostblockbündnis war fixiert, wie es 34 Jahre lang existieren sollte.

Als Leopold Figl am 15. Mai 1955 vom Balkon des Belvedere in Wien den Österreichern den Staatsvertrag mit den Worten »Österreich ist frei!« präsentiert, ahnt noch niemand, dass dieses neue Österreich schon ein Jahr später seine große Bewährungsprobe in einer Weltkrise ablegen muss.

Am 27. Juli 1955, 11 Uhr, erklärt im späteren Haus der Industrie am Wiener Schwarzenbergplatz, in den Besatzungsjahren

Feier zum Ende einer Ära: Der Alliierte Rat tritt am
27. Juli 1955 im Haus der Industrie am Schwarzenbergplatz zu
seiner letzten Sitzung zusammen

»Stalinplatz«, der französische Hochkommissar Seydoux de
Clausonne im Namen seiner Kollegen Iljitschow (Sowjetunion), Penfield (USA) und Wallinger (Großbritannien), »dass die
Alliierte Kommission für Österreich aufgehört hat zu bestehen«. Minuten später werden unter dem Jubel der Wiener
die Flaggen der USA, Großbritanniens, Frankreichs und der
UdSSR von den Dächern am Schwarzenbergplatz und der Wiener Hofburg eingeholt.
Zehn Jahre lang hat die Sowjetfahne über der Wiener Hofburg
geweht – vom 13. April 1945 bis zum 27. Juli 1955. Der Abzug
der Besatzer ist nur noch Formalakt – dennoch wird vor allem
der Abzug der Russen von den Österreichern sehnlichst erwartet. Der letzte Sowjetsoldat verlässt am 19. September um 20
Uhr das Land. Bis 25. Oktober 1955 muss auch der letzte Be-
satzungssoldat das Land verlassen – es ist ein Brite in Kärnten.

Als 1956 Sowjetpanzer den Ungarn-Aufstand niederwalzen, zeigt sich, wie weitsichtig es war, dass Österreichs Staatsmänner auf vollständigem Abzug aller Besatzungstruppen bestanden haben: ohne Recht auf Rückkehr.

Von den Österreichern sehnlichst erwartet: Abzug der letzten sowjetischen Soldaten, Bahnhof Bruck an der Leitha

Bewährungsprobe: Ungarn-Krise 1956

23. Mai 1956. Im Wiener Messepalast findet die erste Musterung des neuen österreichischen Bundesheeres statt – Geburtsjahrgang 1937. Wie das 1955 dem Bundeskanzleramt als »Amt für Landesverteidigung« angegliederte, erst ab Sommer 1956 eigenständige Bundesministerium für Landesverteidigung bekannt gibt, sind von 32 482 ausgemusterten Wehrpflichtigen 26 362 wehrtauglich.

Die Jungrekruten ziehen im Herbst 1956 in die Kasernen ein. Sie wissen nicht, dass sie wenige Wochen später in den brisantesten Kriseneinsatz Österreichs abkommandiert werden – zur ersten Bewährungsprobe für das neutrale Österreich.

Das Jahr 1956 bringt die bisher schwerste Krise für den Sowjet-Herrschaftsbereich in Osteuropa: In Polen und Ungarn erhebt sich ein Volksaufstand. Die Krise in Polen wird mit Müh und Not entschärft, in Ungarn aber mit geballter sowjetischer Militärmacht niedergeschlagen. Die Ungarn hatten sich an Österreich orientiert und dieselben Rechte gefordert – frei zu sein von Sowjetbesatzung, neutral nach österreichischem Vorbild.

Doch einmal mehr erweist sich im Kalten Krieg die Sonderrolle Österreichs: Was Moskau Österreich gewährt, ist es nicht bereit, Ungarn zu geben. Zu groß ist die Angst der Erben Stalins vor einem Dominoeffekt in ganz Osteuropa.

Die Polen hatten sich mehr, als der Kremlführung lieb war, ein Beispiel an Chruschtschows Abrechnung mit Stalin in der nächtlichen »Geheimrede« am 25. Februar 1956 vor dem XX. Parteikongress der KPdSU genommen. Viele Polen verstanden die Abrechnung mit der Stalin-Diktatur als Signal für den Aufbruch zur Freiheit. Selbst Chruschtschow schaffte es am Höhepunkt der Unruhen in einer geheimen Blitzreise nach Warschau nicht, die Rückkehr des zuvor als Titoist verunglimpften Gomulka zu verhindern. Dieser kann Chruschtschow dazu bringen, die bereits auf Warschau vorrückenden Sowjetpanzer stoppen zu lassen.

Dann eskaliert die Lage in Ungarn: Am 23. Oktober solidarisieren sich Intellektuelle mit den Polen. Die Kundgebungen schwellen zu antisowjetischen Protesten an: »Weg mit den Stalinisten! Mehr Demokratie!« Das Stalin-Denkmal in Budapest wird gestürzt, Liberalisierung Ungarns und Abzug der Sowjetarmee aus Ungarn gefordert. Der Reformer Imre Nagy wird am 24. Oktober neuer Ministerpräsident.

Als Chruschtschow & Co. die Gefährlichkeit der Krise erkennen, erhalten die Sowjettruppen Marschbefehl: 30000 Sowjetsoldaten rücken am 25. Oktober 1956 in Budapest ein. Straßenkämpfe brechen aus, das Kriegsrecht wird verhängt. Moskau ist alarmiert: Sowjetsoldaten verbrüdern sich mit Aufständischen! Der Aufstand erzwingt eine neue Regierung Nagy mit Nichtkommunisten. Moskau muss Budapest einen Rückzug der Truppen zusagen. Kurze Zeit glauben die Ungarn, sie hätten den Westen hinter sich – trügerische Hoffnung. Die USA, in der Suez-Krise gebunden, lehnen ein Eingreifen ab.

Doch als Premier Nagy am 1. November den Austritt Ungarns aus dem Warschauer Pakt und die Neutralität Ungarns nach dem Vorbild Österreichs erklärt und die UNO um Schutz bittet – da ist die Schmerzgrenze Moskaus überschritten. In der Nacht zum 4. November greifen die Sowjettruppen mit 15 Divisionen und mehr als 4000 Panzern ein, umzingeln Budapest. Zwei Wochen lang toben schwerste Kämpfe. Die Opferbilanz: 3000 bis 4000 Ungarn tot, Zigtausende verwundet, fast 700 Sowjetsoldaten getötet. Rund 200000 Ungarn fliehen – die meisten nach Österreich. Moskau setzt Janos Kadar als Statthalter ein, zwingt ihn zu einem moskautreuen Kurs.

In der Polen-Krise war Österreich noch Zuseher der Ereignisse. Die Ungarn-Krise trifft Österreich direkt: Nur eineinhalb Jahre nach dem Staatsvertrag und ein Jahr nach Abzug des letz-

Sowjetpanzer walzen den Aufstand der Ungarn nieder:
Panzerkolonne 1956 in den Straßen von Budapest

ten Besatzungssoldaten muss Österreich die Bewährungsprobe der Neutralität ablegen.

Dabei hatte die Krise Vorbeben. Fred Sinowatz erinnert sich, »dass die Ungarn-Krise schon vorher spürbar war, durch die immer wieder bestehenden Kontakte der Burgenländer mit Ungarn. Man wusste, dass in Ungarn die Lage angespannt ist.« Sinowatz über ein Erlebnis am Vorabend der Krise: »Ich habe damals die burgenländische Wochenzeitung der SPÖ redigiert.

In dieser Funktion gab es auch Kontakte zwischen den Fußballvereinen von Neufeld und Ödenburg. Ich bin mit den Neufeldern im Sommer 1956 nach Ödenburg mitgefahren, um mich umzuschauen. Drüben haben wir mit den Leuten geredet – ich war überrascht, wie offen sie Kritik an den Zuständen geübt haben. Ich hatte damals den Eindruck, dass das in allernächster Zeit zu einem Ausbruch kommen wird.

Nach meiner Rückkehr habe ich in der burgenländischen Wochenzeitung geschrieben, dass sich da etwas anbahnt. Worauf die kommunistische Wochenzeitung ihren Redakteur hinübergeschickt hat. Der musste in drei Fortsetzungen schreiben, dass alles Blödsinn ist, was ich berichtet habe. Mitten in die dritte Fortsetzung – ist der Ungarn-Aufstand geplatzt!«

Ludwig Steiner zur Stimmung in Österreich 1956: »Der Glaube der Österreicher, dass die Russen weggehen, war ja bis April 1955 kaum mehr vorhanden. Die Freude war groß, dass es mit der Besatzung doch ein Ende hatte. Daher kam beim ersten Knick, in der Ungarn-Krise, die Angst wieder hoch.«

General i. R. Albert Bach war bis zur Ungarn-Krise Leiter der Organisationsabteilung im Verteidigungsministerium. Generaltruppeninspektor Oberst Erwin Fussenegger holte Bach in den Krisenstab zum Ungarn-Einsatz. Bach über die Situation damals: »Für das Bundesheer war das eine einzigartig schwierige Lage: Die ersten Rekruten des ersten Jahrgangs an Wehrpflichtigen waren eben erst eingerückt, vom 1. September an, viele gar erst am 10. Oktober! Und da sollte das Bundesheer schon einen Kriseneinsatz erledigen! Wir haben improvisiert, so gut es ging. Es waren ja nur minimalste militärische Mittel vorhanden. Aus dem Kader haben wir Einsatzverbände improvisiert und die Grenze gesichert. Die Hauptaufgabe des Bundesheeres war Assistenz, für die Grenzsicherung waren Gendarmerie und Zoll zuständig.«

Bach zum Zustand des Bundesheeres: »Wir hatten den Kader aus der B-Gendarmerie, einige tausend Mann Offiziere und Unteroffiziere. Dann den ersten Jahrgang von Präsenzdienern – aber die waren alle mit großem Eifer dabei. Sie wurden eingesetzt, wo sie sich nützlich machen konnten – als Kraftfahrer etc. So hatten wir eine Streitmacht von vielleicht 6000, 7000 Mann.

Erster Kriseneinsatz im ersten Jahr seines Bestehens:
Das österreichische Bundesheer markiert die Grenze zu Ungarn
mit rot-weiß-roten Fahnen

Die Ausrüstung: nur Handfeuerwaffen, Maschinengewehre, ein paar leichte Panzer – sonst fehlte alles!«

Schon der Flüchtlingsstrom aus Ungarn stellt Österreich vor ein gewaltiges Problem. Bis September 1957 kommen fast 180 000 Ungarn-Flüchtlinge nach Österreich. Ein Großteil davon reist in der Folgezeit in andere Asylländer weiter. Ende September 1957 befanden sich noch 20 000 in Österreich, rund 6000 davon in Lagern.

Fred Sinowatz war mit Medikamententransporten der Volkshilfe zweimal in Budapest. Für ihn war »die ungeheure Stimmung« prägend: »Die Ungarn waren eine Zeitlang ja überzeugt: Das [Lossagen von Moskau] ist jetzt endgültig!« Die Österreicher reagierten mit einer »ungemein solidarischen Bewegung für Flüchtlingshilfe«.

Das Bundesheer übernahm eine neue Rolle – humanitäre

Einsätze, für die es später im UNO-Einsatz bekannt wurde. Bach: »Kasernen wurden zur Verfügung gestellt, das Bundesheer übernahm die Versorgung der Flüchtlinge. Damals hat es bereits wesentliche humanitäre Hilfe geleistet.«

Einer der Hauptorganisatoren der Ungarn-Hilfe war Otto Molden: »Ich habe das Österreichische Nationalkomitee für Ungarn geleitet und verfügte über genaue Nachrichten über die Lage: Zum Beispiel wurden drei große ›Pan American‹-Flugzeuge mit bewaffneten Kanadiern eingeflogen, um gegen die Russen zu kämpfen. Österreich konnte eine solche Provokation aber nicht zulassen aus Angst vor einem Eingreifen der Russen.«

Auch im ÖGB wurde Ungarn-Hilfe organisiert. Anton Benya war mit Hilfseinsätzen in Budapest und in Ödenburg. Franz Olah »hatte schon das Visum für Budapest – aber ich bin nicht nach Ungarn gefahren, das wäre vielleicht als Provokation aufgefasst worden. Wir wollten damals nichts tun, was zu Konflikten mit den Sowjets geführt hätte. Wir haben aber den Ungarn viel Hilfe zukommen lassen. Wir haben Züge mit Lebensmitteln und Medikamenten geschickt. Aber Waffen nicht – das ist Unsinn. Geld haben wir den Ungarn gegeben.«

Das Flüchtlingsproblem machte die Lage an der Grenze brisant – die Brücke von Andau wurde zum Symbol der Ungarn-Flucht. Bach: »Einige Zeit lang war die Grenze völlig offen und von ungarischer Seite nicht gesichert. Da sind sehr viele Leute aus dem Westen, Exilungarn, nach Ungarn hinein – die haben ja unter anderen den Fürsten Esterházy gerettet!«

In diesen Tagen bestand die Gefahr, die Kämpfe könnten sich auf Österreich ausweiten. Bach: »Unsere große Sorge war, wenn die im Widerstand kämpfenden Ungarn den Russen ausweichen, dass sie auf österreichisches Gebiet kommen, dass dann womöglich die Russen den Ungarn nachfolgen und wir den Krieg im Land haben! Oder dass die Russen zurückkommen, um ›ihre Besatzungszone‹ wieder in Besitz zu nehmen.

Es kamen ungarische Soldaten über die Grenze, aber sie wurden entwaffnet. Fussenegger war entschlossen, auch mit unzulänglichen Mitteln Widerstand zu leisten. Da haben wir uns vorbereitet, wie wir bei einem Vorstoß der Russen hinhaltenden

Widerstand leisten würden. Für Fussenegger spielte das Argument eine große Rolle, dass das Bundesheer 1938 keinen Widerstand geleistet hat.«

Die Gefahr, Moskau könnte Österreich Neutralitätsbruch vorwerfen, belegt der damalige österreichische Diplomat in Moskau und spätere Botschafter, Herbert Grubmayr: »Wir wurden in der kritischen Zeit anfangs bis Mitte November fast täglich in das sowjetische Außenministerium zitiert, wo man uns Neutralitätsverletzungen der westlichen Seite hinsichtlich Österreichs vorhielt: westliche Militärflugzeuge, die in Wien humanitäre Hilfsgüter für die Flüchtlinge ausluden, hätten auch Waffen für die ›Konterrevolutionäre‹ mitgebracht, die dann über österreichisches Territorium nach Ungarn weitergeleitet worden seien. Man gab uns die Kennnummern der Flugzeuge an, welche die Waffen angeblich an Bord hatten. Alle diese Behauptungen wurden von österreichischer Seite Punkt für Punkt dementiert. Aber aus der Diktion unserer sowjetischen Gesprächspartner wurde uns ziemlich klar, dass man in Moskau schon eine Note vorbereitete, in welcher Österreich beschuldigt worden wäre, sich gegen die Verletzung seiner Neutralität durch westliche ›Revanchisten‹ nicht in neutralitätskonformer Weise zur Wehr zu setzen ... daher sei die Sowjetunion zu ihrem Bedauern gezwungen, den Schutz der Neutralität in ihre eigenen Hände zu nehmen ... Später erfuhr ich, dass der amerikanische Außenminister John Foster Dulles in Moskau wissen ließ, ein Überschreiten der österreichischen Grenze würde den Dritten Weltkrieg auslösen.«[44]

Am Höhepunkt der Ungarn-Krise erlebte die Bundesregierung dramatische 24 Stunden – urplötzlich herrschte Alarm für Österreichs Souveränität. General i. R. Albert Bach: »Mitten im Ungarn-Einsatz erschien Anfang November 1956, wie ein Blitz aus heiterem Himmel, der amerikanische Militärattaché am Wiener Ballhausplatz: Er informierte die Bundesregierung, dass nach amerikanischen Unterlagen die Sowjets in den nächsten 24 Stunden in Österreich einmarschieren würden.

Der US-Militärattaché versetzte uns damit einen furchtbaren Schrecken! Das war am späten Nachmittag – es wurde eine dramatische Nacht! Ich weiß nicht, woher die Amerikaner ihr

Wissen bezogen haben. Gott sei Dank hat sich der Alarm als falsch herausgestellt!«

Ludwig Steiner bestätigt diese US-Warnung: »Damals hat es geheißen, die Russen marschieren mit 1500 Panzern auf die Grenze zu. Da herrschte richtige Nervosität. Ich habe dann den Adjutanten des Bundeskanzlers gebeten, mir aufzuzeichnen, wie der Vorstoß stabsmäßig aussehen könnte. Da hat sich herausgestellt, dass 1500 Panzer eine Kolonne von 50, 60 Kilometern ausmachen würden. Das hätte man erkennen und verifizieren können! Auch wenn es nur falscher Alarm war: Solche Szenen waren typisch damals.«

Ganz ohne Begründung war die Warnung nicht. Wie sich aus Dokumenten zeigt, war Chruschtschows erster Einsatzbefehl in der Nacht des 23. Oktober mit dem Befehl ergänzt, dass die Sowjettruppen »Ungarns Grenze zu Österreich abriegeln«. Im zweiten Truppeneinsatz der Sowjets wurde die Grenze zu Österreich noch wichtiger: Einer der Sowjet-Kommandanten, General Michail Kasakow, hatte zur Hauptaufgabe, »genug Truppen an der Grenze zu Österreich zu stationieren, um jede Aussicht auf eine Intervention des Westens zu vereiteln«.[45]

Dass die USA nicht bereit waren, dem Hilfsersuchen Ungarns Folge zu leisten und Washington sogar, wie Kirchschläger berichtet, die Neutralität Österreichs als nicht zu überwindendes Hindernis dafür angab, ist tragische Ironie.

Otto Moldens Urteil fällt noch härter aus: »Es war ein Verbrechen der Amerikaner, dass sie nicht eingegriffen haben. Ganz Osteuropa wäre damals gegen die Russen aufgestanden – Europa wäre mehr als 30 Jahre früher vom Kommunismus befreit gewesen!«

Es folgten weitere dramatische Ereignisse. Rudolf Kirchschläger: »Mir ist als Leiter der Völkerrechtsabteilung manchmal etwas bange geworden angesichts dessen, was sich einzelne Minister damals an der Grenze erlaubt haben. Das war schon an der Grenze der Neutralität – pro Aufständische. Obwohl wir Ungarn in einer formellen Note mitteilten, dass wir alle Überläufer als Kriegsgefangene betrachten.«

Von Innenminister Helmer wird von einem Zeitzeugen, der ungenannt bleiben will, sogar kolportiert, er habe an der Grenze

Flucht im Schatten der Grenzwachtürme: Ungarn fliehen 1956
vor den Kämpfen nach Österreich

ungarische Soldaten, die nach Österreich überliefen und ihre
Gewehre wegwarfen, angebrüllt: »Was werfts die Waffen weg –
nehmts es und kämpfts im Widerstand weiter!«
Für Kirchschläger wurde es besonders brisant, als an der Grenze ein Sowjetsoldat von einem österreichischen Gendarmen er-
schossen wurde: »Zwei Sowjetsoldaten wurden an der Grenze
gefangen genommen, flüchteten aber. Ein sehr eifriger Gen-
darm schoss ihnen nach, statt sie laufen zu lassen, und erschoss

einen. Ich war dabei, als der sowjetische Botschafter zu Außenminister Figl kam und gegen die Tötung des sowjetischen Soldaten protestierte. Er tobte: ›Dazu haben wir Ihnen nicht die Freiheit gegeben, damit Sie jetzt erneut auf unsere Soldaten schießen!‹ Der Botschafter war weiß im Gesicht – Figl, Haymerle und mir war auch nicht wohl zumute! Figl sagte dem Botschafter volle Untersuchung zu.

Aber das Ärgere kam noch: Es sollten Soldaten und Gendarmen, die sich damals im Grenzeinsatz besonders bewährt hatten, ausgezeichnet werden. Die Auszeichnungen sollten im Burgenland von Innenminister Helmer überreicht werden. Helmer bat Raab, für ihn einzuspringen. Da hat der Kanzler den Soldaten und Gendarmen die Auszeichnungen überreicht. Er zeichnete, ohne es zu wissen, auch den Beamten aus, gegen den wir den Sowjets volle Untersuchung versprochen hatten. Der zweite Besuch des Sowjetbotschafters bei Figl war noch viel ärger als der erste! Das war damals nicht schön – aber wir haben es durchgestanden!«

Eines will Rudolf Kirchschläger für die Regierung nicht gelten lassen: »Es gab damals in der Bundesregierung keine Angst, im Gegenteil! Sie hat mit Mut und Festigkeit entschieden. Und sie hat bei den Vereinten Nationen die Resolution gegen die Sowjetunion mit eingebracht – noch dazu war aufgrund des Alphabets Österreich der erste Staat, der für die Anti-Sowjet-Resolution gestimmt hat!«

Ängste, die Russen könnten nach Österreich zurückkehren, erwiesen sich als unbegründet. Für Kirchschläger »hatte die Sowjetunion gar nicht die Absicht, die Grenze zu übertreten. Das hätte ja das ganze Manöver mit dem Staatsvertrag sinnlos gemacht. Die Politik der Sowjets geht immer nur so weit, als es unbedingt in ihrem Interesse notwendig ist. In diesem Fall war Ungarn zu erledigen. Eine Ausweitung auf Österreich hätte nur neue Komplikationen gebracht. Dasselbe hat sich auch 1968 [ČSSR-Krise] ereignet.«

Auch Otto Molden sah in einer Rückkehr der Russen eine theoretische Gefahr: »Es rollten zwar starke russische Panzerkräfte Richtung Österreich, aber nur, um die Grenze abzuriegeln. Durch eine Provokation wäre ein Einmarsch aber möglich gewesen, obwohl der Staatsvertrag ein Signal war, dass die Russen friedliebend sind.«

Franz Olah ist überzeugt, dass in Moskau »theoretische Pläne für eine Wiederbesetzung der Sowjetzone Österreichs fertig in der Schublade lagen, auch für den Durchmarsch durch Österreich. Diesen Plan habe ich gekannt, sogar wie ich im Innenministerium war. Natürlich hätten die Amerikaner nicht gezögert, auch ihren Teil wieder zu besetzen. Aber in der Frage Österreich waren die Sowjets nie sicher, wie die Westmächte reagieren. Dagegen haben die Westmächte ja weder Ungarn noch die Tschechoslowakei den Sowjets als Besitzstand streitig gemacht. Aber Österreich war gewissermaßen westlicher Besitzstand!«

Auch für Exgeneral Bach erwies sich die Angst letztlich als unbegründet: »Damals haben wir nicht gewusst, wie es bei den Russen intern aussieht. Rückblickend waren die Russen ja heilfroh, dass sie Ungarn wieder in der Hand hatten.«

Kukuruzwette und Gipfelgastgeber

Österreich hatte in der Ungarn-Krise seine Unabhängigkeit als neutraler Staat auch in einer ernsten Krise des Kalten Kriegs eindrucksvoll bewiesen – sowohl gegenüber der Sowjetunion wie auch gegenüber dem Westen.

Gegenüber Moskau hatte Österreich seine Entschlossenheit zur Neutralität demonstriert. Gegenüber dem Westen hatte Österreich gezeigt, dass es fähig war, sowjetische Proteste mit souveräner Haltung zu erwidern. Für Rudolf Kirchschläger ein wichtiges Signal: »Gerade diese österreichische Haltung hat uns im Westen dann die Anerkennung eingebracht, dass wir in der Lage sind, neutral zu sein, neutral auch gegenüber der Sowjetunion, dass wir Österreicher nicht auf sowjetische Winke und Wohlwollen bedacht sind, sondern unserer Politik treu bleiben.«

Für Rudolf Kirchschläger, neben Verosta an der Ausarbeitung des Neutralitätsgesetzes beteiligt und dann Leiter der Völkerrechtsabteilung, hatte sich schon im Herbst 1956 Österreichs Sichtweise der Neutralität deutlich vom Schweizer Vorbild unterschieden: »Wir sind in Wirklichkeit schon in der ungarischen Revolution vom Schweizer Neutralitätsbeispiel abgegangen. Denn damals hat man bei uns das Wort ›Das Boot ist voll‹ gar nicht gekannt. Es hieß bei uns damals: Unser Boot hat unter den schwierigen Umständen noch Platz!«

Noch etwas demonstrierte Österreich im Ungarn-Aufstand: Es verstand seine Neutralität als rein militärische – niemals als Neutralität der Gesinnung oder Weltanschauung. Ein wichtiges Signal an Moskau. Diesen Effekt betont Helmut Zilk: »Das wurde ganz klar: Wir haben gesagt, wir sind militärisch neutral, weltanschaulich aber nicht! Allerdings haben wir auch gesagt: Wir wollen mit beiden Blöcken auskommen. Das hat nichts mit dem Neutralismus der Schweizer zu tun.«

Auch für General i. R. Bach ging Österreich schon damals vom Schweizer Modell ab: »Die Schweiz war mit ihrer Neutralität ein Vorbild – theoretisch. In Wirklichkeit ist Österreich seinen eigenen Weg gegangen. Es begann schon mit dem Beitritt zur UNO. Und dann 1956.«

Der Mann, der Österreich als erster Botschafter in den Vereinten Nationen vertrat, der spätere UNO-Generalsekretär Kurt Waldheim, bestätigt dies: »Die Neutralität war hinsichtlich unserer Mitgliedschaft bei den Vereinten Nationen von Beginn weg kein Problem. Die Neutralität verträgt sich ohne weiteres mit der Mitgliedschaft bei den Vereinten Nationen. Weil wir es in der Hand haben zu entscheiden, wie wir uns in militärischen Situationen zu verhalten haben. Wir haben – eine entscheidende Entwicklung – schon in der Kongo-Krise 1959/60 zum ersten Mal ein kleines österreichisches Kontingent aus humanitären Gründen entsendet.«

Bevor Österreich solchen Freiraum im Kalten Krieg erobern konnte, mussten erst die Verpflichtungen aus dem Staatsvertrag erfüllt werden.

Vor allem ging es sofort ab dem 15. Mai 1955 darum, die Ablöselieferungen gegenüber der Sowjetunion zu erfüllen. Es waren formell keine Reparationszahlungen – wurden in der Bevölkerung de facto aber als solche verstanden. Offiziell handelte es sich um Ablösezahlungen für alle Vermögenswerte der USIA, SMV und Sowjet-DDSG, die Österreich mit dem Staatsvertrag zurückerhalten hatte.

150 Millionen Dollar musste Österreich binnen sechs Jahren an die UdSSR zahlen – dazu zehn Jahre lang jährlich eine Million Tonnen Rohöl. Die USA, Großbritannien und Frankreich überließen ihr deutsches Eigentum, das sie in Treuhandverwaltung gegeben hatten, Österreich ohne Ablöse.

Sofort nach den Staatsvertragsfeiern übernahm die Bundesregierung die Sowjetbetriebe. Es ist bezeichnend für Julius Raab, wie er die Übernahme der Sowjetbetriebe anpackte. Sein damaliger Sekretär Ludwig Steiner erzählt: »Nach den Staatsvertragsverhandlungen in Moskau erklärte Raab dem sowjetischen Hochkommissar in Österreich: ›Jetzt hab ich eine Menge Betriebe gekauft – jetzt möcht ich mir die auch anschaun. Herr Botschafter, geht das?‹ Der sowjetische Botschafter ging nicht gleich auf die Forderung Raabs ein, es dauerte noch Tage.« Dann ging Raab auf Besichtigungstour.

Ab dem Staatsvertrag stand bei Kontakten mit der Sowjetunion ein Thema ganz oben auf der Wunschliste der Österreicher: die Reduzierung der Ablöselieferungen. Der Einsatz lohnte sich: Bei Chruschtschows Staatsbesuch 1960 in Österreich konnte sie erreicht werden. Am 30. Dezember 1963 wurden die letzten 16 Kesselwaggons mit 500 Tonnen Erdöl an die Sowjetunion abgefertigt – damit war die Erdölschuld Österreichs an die UdSSR getilgt.

Tatsächlich entwickelt sich in diesen Jahren eine Entkrampfung des Klimas Wien–Moskau – frei nach der Münchner »Simplizissimus«-Karikatur zum Abschluss der Moskauer Staatsvertragsverhandlungen 1955: »Und jetzt, Raab – jetzt noch d'Reblaus, dann san s' waach!«

Nikita Chruschtschow war als Kremlchef zwar schon vor seinem Österreich-Besuch 1960 im Westen gewesen. Im September 1959 hatte ihn Präsident Eisenhower in die USA eingeladen – und Chruschtschow mit allen Errungenschaften des Westens zu überrollen versucht, bis hin zum Wohlstand einer amerikanischen Farmerfamilie.

Ein drei viertel Jahr später zeigten die Österreicher dem Kremlchef vom 30. Juni bis 8. Juli 1960 nicht ernste Politik, sondern österreichischen Charme – was Chruschtschow weitaus mehr ansprach. Höhepunkt war eine Wette, die als »Kukuruz-Wette« in die Geschichte des Kalten Kriegs eingegangen ist. Nicht die Überproduktion eines US-Farmers sollte Chruschtschow überzeugen, sondern die Leistung österreichischer Bauern.

Als Exkanzler Figl Nikita Chruschtschow und Gattin Nina auf den heimatlichen Bauernhof der Figls in Rust in Niederösterreich einlädt und ihn bewirtet, lässt sich Chruschtschow zu einer Wette hinreißen: Der sowjetische Mais sei im Ertrag zehnmal besser als der österreichische. Chruschtschow zu Figl:

Das Ende des Sowjetkonzerns in Österreich: Von USIA-Betrieben wird der Sowjetstern abmontiert

»Wenn es weniger als das Zehnfache wird, verliere ich eine Sau – ist es mehr, muss mir der Figl eine geben!«

Figl nimmt die Wette an. »Sie wetten um eine Sau« lauten die Schlagzeilen. Chruschtschow lässt sowjetisches Saatgut nach Österreich schicken. Ein Jahr später, bei der Ernte im Oktober 1961, zeigt sich: Der sowjetische Mais ist nicht zehnmal besser, sondern im Ertrag etwas schlechter als der österreichische. Eine Sau war Figl sicher.

Doch auch wenn sich die Atmosphäre zwischen Wien und Moskau lockerte – an der Westorientierung Österreichs war nicht zu rütteln. General Albert Bach: »Unsere Anlehnung war und blieb an den Amerikanern. Die Amerikaner waren die einzige westliche Streitmacht, die als Schutzmacht in Frage kam. Die einzigen Streitkräfte, die für Österreichs Schutz in interessanter Reichweite lagen, waren die US-Truppen in Deutschland und in Italien.«

Typisch für Österreichs Sicherheitsdenken in dieser Zeit ist die Anekdote, die Herbert Grubmayr vom österreichischen Botschafter in Washington, Exaußenminister Gruber, berichtet: »Gruber hatte eine sehr unkonventionelle und oft auch etwas barsche Art, die Dinge auf den Punkt zu bringen. Er sagte mir einmal: ›Der österreichische Botschafter in Washington hat eine wichtige Aufgabe, die alles andere in den Hintergrund treten lässt: Er muss ständig in seinem Notizbuch einige Telefonnummern von einflussreichen Leuten in Washington parat haben, bei denen er bei Tag und bei Nacht anrufen und Hilfe mobilisieren kann, wenn es einmal an unserer Ostgrenze kracht.‹«

An der Wende zu den 60er Jahren rückt erneut Wien in den Blickpunkt. Zum Schauplatz des ersten Gipfeltreffens im Kalten Krieg hatten sich Chruschtschow und der neue US-Präsident John F. Kennedy Wien ausgesucht. Am 3. und 4. Juni 1961 schrieben Nikita Chruschtschow mit Gattin Nina und John F. Kennedy mit Gattin Jackie in Österreich Geschichte – ein Gipfeltreffen, das Schönbrunner Glanz bot, aber die Weltpolitik an den Rand einer Katastrophe trieb.

Für Österreich war es die beste Gelegenheit, nach zehn Jahren Besatzung das »moderne Österreich« zu zeigen. Dabei waren es nur knapp 32 Stunden, die sich der erst vor einem halben Jahr angelobte US-Präsident John F. Kennedy und Gattin Jackie in Österreich aufhielten – und doch eroberten sie die Herzen im Sturm. Auch dem leutseligen Nikita Chruschtschow und seiner Gattin Nina wurde Beachtung geschenkt – ein scharfer Kontrast russischer Hausbackenheit zu amerikanischem Glamour.

Dabei spielte sogar der innersowjetische Machtkampf in das Wiener Gipfeltreffen hinein. Ludwig Steiner erinnert sich: »Chruschtschow kam damals am Wiener Ostbahnhof an, mit

*Musste sich an 23. Stelle der Russenkolonie in Wien anstellen,
um Chruschtschow zu begrüßen: Stalins einstiger Außenminister Molotow (Bildmitte) auf dem Wiener Ostbahnhof*

einem sowjetischen Zug. Am Perron war neben den Österreichern auch die gesamte sowjetische Kolonie in Österreich zur
Begrüßung angetreten. Da standen sie alle – schön gereiht nach
ihrer Bedeutung. Und an 23. Stelle – stand Molotow! Der
berühmte Molotow, von dem man schon in den 30er-Jahren
gehört hatte und der sozusagen die Personifizierung des Sowjetkommunismus war, stand da hinten an 23. Stelle!
Und Chruschtschow geht die Reihe ab, umarmt einige davon.
Und am Molotow geht er vorbei, gibt ihm kurz die Hand – und
schaut ihn nicht einmal an. Das war schon ein typisches Beispiel, wie tief Molotow gesunken und zu einem Relikt der Ok-
toberrevolution und des ganzen Sowjetkommunismus geworden war!«
Molotow war von Chruschtschow 1957 als Botschafter in die
Mongolei verbannt worden. 1960/61 wurde er Sowjetvertreter

bei der Internationalen Atomenergiekommission mit Sitz in Wien – letzter Posten seiner Laufbahn.

Dabei war Chruschtschow auf dem Wiener Gipfel nicht nur Akteur, sondern auch Getriebener. Rudolf Kirchschläger ist der große Galaempfang in Schönbrunn am Abend des 3. Juni 1961 in Erinnerung geblieben: »Damals in Schönbrunn wurde gerade eine Aufführung geboten. Da saßen nebeneinander in der ersten Reihe: Nikita Chruschtschow, seine Frau Nina, dann John F. Kennedy und neben ihm seine Frau Jackie. Und Chruschtschow ... [Kirchschläger ahmt Chruschtschow nach, wie er unentwegt zu Jackie Kennedy starrt und sich fortwährend mit der Zunge die Lippen leckt] ... Chruschtschow hat nur noch Jackie Kennedy angeschaut und sonst nichts mehr gesehen! Das gehört zwar nicht zur Politik im Kalten Krieg – aber es zeigt, dass überall Menschen agieren. Selbst wenn sie Tyrannen sind, bleiben sie doch Menschen, mit menschlichen Qualitäten. Und diese menschlichen Qualitäten – die machen wiederum Entscheidungen!«

Die erste der zwei Aussprachen Kennedy – Chruschtschow findet am 3. Juni 1961 in der Residenz des US-Botschafters in Hietzing statt – die zweite in der sowjetischen Botschaft im 3. Wiener Bezirk. Der Routinier Chruschtschow schätzt Kennedy fälschlicherweise als Schwächling ein – Kennedy, Neuling im Amt, bleibt stur auf vorbereiteter Linie und erkennt versteckte Angebote Chruschtschows nicht.

Als Kennedy deponiert, die nationale Sicherheit der USA sei direkt mit der Sicherheit Berlins verknüpft, explodiert Chruschtschow. »Ich wünsche den Frieden! Aber wenn Sie einen Atomkrieg wollen, dann können Sie ihn haben!«, ruft der Kremlchef und schlägt mit der Faust auf den Tisch. Kennedy kontert mit gefrorener Miene: »Wenn das so ist, dann wird es ein kalter Winter.«

Schon am 13. August 1961 ringt Ulbricht, Vorsitzender des Staatsrates der DDR, dem bisher zögernden Chruschtschow die Zustimmung zum Berliner Mauerbau ab. Und dann, im Herbst 1962, riskiert Chruschtschow die Raketenkrise auf Kuba, die die Welt an den Rand eines Atomkriegs treibt.

Für die österreichischen Gastgeber markierte der Wiener Gipfel

War in Wien fasziniert von der amerikanischen First Lady
Jackie Kennedy: Kremlchef Nikita Chruschtschow

1961 das Ende einer Ära als Bittsteller alliierter Mächte. Österreich schuf seinen Ruf als Vermittler zwischen Ost und West, Wien bestand die Feuerprobe als Ort internationaler Begegnungen. Dieses Leben zwischen Ost und West sollten die Österreicher als neutraler Pufferstaat im Kalten Krieg lernen wie wenige andere in Europa.

Österreichische Politiker waren ab nun gewillt, diese Eigenständigkeit wahrzunehmen. Etwa Franz Olah, der als ÖGB-Präsident bei einem US-Besuch 1962 von Kennedy ins Weiße Haus eingeladen wurde. Olah: »Unser Bestreben war es damals, den Osteuropäern zu zeigen, dass diese Manie von der kriegerischen Absicht der Amerikaner Unsinn ist. Als ich damals von

Amerika, von Kennedy zurückgekommen bin, haben mich sämtliche Ostblock-Botschafter in Wien sofort zum Abendessen eingeladen. Sie wollten unmittelbar wissen, was der Kennedy gesagt hat. Da habe ich ihnen berichtet: ›Vernünftige Politik machen! Wenn schon nicht miteinander, dann wenigstens ein vernünftiges Nebeneinander!‹«

Erhard Busek erinnert sich, wie er zum ersten Mal mit den Auswirkungen des Kalten Kriegs konfrontiert wurde – bei den kommunistischen Weltjugendfestspielen im Sommer 1959 in Wien: »Ich war damals als Maturant im Bundesjugendring und einer der Träger der Aktionen, die für die Katholische Mittelschuljugend zuständig waren. Da herrschte bei den Weltjugendfestspielen so richtig Kalter Krieg. Wir haben aggressive Gegenveranstaltungen gemacht. Das war Kalter Krieg, da habe ich als 18-Jähriger mitbekommen, was das für eine Konfrontation tatsächlich ist.«

Ein Detail blieb Busek lebhaft in Erinnerung: »Damals, wir saßen gerade im Bundesjugendring, kam jemand von der amerikanischen Botschaft und hat uns einen hohen Dollarbetrag gebracht, ich weiß nicht mehr, wie viel. Und der erste Sekretär des Bundesjugendrings, der Sozialist Fritz Hofmann, hat völlig verdattert diesen Menschen von der US-Botschaft oder vom CIA angeschaut – und ihn gefragt: ›Brauchen Sie eine Bestätigung?‹ Worauf der zurückschaut, lacht – und geht. Das bleibt mir unvergesslich, das war ein bisschen Kalter Krieg!«

Mehr als die Konfrontation der Machtblöcke prägte schon im Übergang zu den 60er Jahren oft ein Wettlauf der Informationen den Umgang mit dem Ostblock. Helmut Zilk verfolgte das Ost-West-Verhältnis damals schon aus der Warte des ORF-Journalisten: »Wir haben dann in den 60er Jahren begonnen: ›Schaun wir doch hinüber – versuchen wir, über den Rundfunk Kontakt [mit den Osteuropäern] zu bekommen. Denn wir haben ja ständig Post von drüben bekommen, wir haben gewusst: Die Leute drüben hören und sehen uns! Bis Bratislava, weit hinein in die Slowakei, die sehen uns bis weit nördlich von Brünn.

Da hab auch ich versucht, Kontakte herzustellen. Wir haben eine Unterhaltungssendung gemacht – und dann ist es zu den

Stadtgesprächen in Prag im Jahre 1964 gekommen. Da haben wir Kontakte geknüpft zu Jiři Pelikan [dem ČSSR-Fernsehdirektor]. Die Stadtgespräche Wien – Prag 1964 waren ja die erste Diskussion zwischen West und Ost, die frei, unzensuriert und live gesendet wurde. Ich glaube, unsere Politik hat damals wesentlich dazu beigetragen, die andere Seite geistig zu beeinflussen: Reden über Grenzen hinweg, trotz aller Eisernen Vorhänge. Wenn man drüben war und einen die Leute angesprochen haben – das war eine wichtige Botschaft!«

Einem Österreicher sollte die historische Rolle zufallen, die Brücke zu den Glaubensbrüdern in Osteuropa zu schlagen: dem Wiener Erzbischof Kardinal Franz König.

Ein Kardinal überwindet den Eisernen Vorhang

Wien am 28. Oktober 1999, Festsaal des Hauses der Industrie am Wiener Schwarzenbergplatz – das Gebäude, in dem zehn Jahre lang der Alliierte Kontrollrat getagt hatte. An diesem Abend wird der Kardinal-König-Preis 1999 für »Verdienste um Glauben und Freiheit« besonders in mitteleuropäischen Raum vergeben. Der Wiener Alterzbischof Franz König ehrt zwei Menschen, die unter kommunistischer Herrschaft besonders gelitten haben: den Tschechen Václav Maly und den Slowaken Anton Srholec.

Václav Maly, Prager Weihbischof, war Aktivist der Bürgerrechtsbewegung »Charta 77« und musste dies mit schwerer Verfolgung bezahlen. Verbot des Priesteramts, monatelange Haft, Arbeit als Heizer, Putzer und Hilfsarbeiter im Straßendienst. Im Umbruch 1989 wurde der Weggefährte Václav Havels zum Sprecher des »Bürgerforums« – nach dem Fall des KP-Regimes kehrte er in den Seelsorgeberuf zurück.

Der slowakische Pater Anton Srholec wollte 1951 über Österreich nach Rom flüchten, um Theologie zu studieren. Er wurde von slowakischen Grenzsoldaten gefasst, wegen »Spionage für den Vatikan« zu zwölf Jahren Straflager verurteilt, von denen er acht Jahre in den berüchtigten Urangruben von Jáchymov verbüßen musste, der ČSSR-Abart des »Archipel GULag«. Im Prager Frühling gelang ihm die Ausreise nach Rom, wo er 1970 zum Priester geweiht wurde.

Für Kardinal König, 94 Jahre alt, mag diese Feierstunde Bilanz von jahrzehntelangem Einsatz für Glaubensbrüder in Osteuropa gewesen sein. Ein Einsatz, den Kardinal König oft mit höchstem persönlichem Risiko, unter widrigen Umständen und immer aus eigenem Antrieb geführt hatte.

Die Umstände, unter denen Franz König nur wenige Jahre nach seiner Weihe zum Wiener Erzbischof am 17. Juni 1956 und seiner Ernennung zum Kardinal 1958 zum Einsatz für die Kirche hinter dem Eisernen Vorhang fand, geben Einblick in die dramatischen Tage des Kalten Kriegs:

»Als 1960 die Nachricht kam, dass [der Zagreber Erzbischof] Stepinac gestorben war, sagte ich mir: Normalerweise würde der Erzbischof von Wien zum Begräbnis nach Zagreb fahren – auf Grund der geschichtlichen Verbindungen. Aber der Eiserne Vorhang ist ein so großes Hindernis, dass es für einen Geistlichen, für einen Mann in meiner Position unmöglich ist, dort hinzukommen. Aber ich wollte ein Zeichen setzen.« König sucht um ein Visum an, ohne viel Hoffnung – und erhält überraschenderweise eine Einreiseerlaubnis.

»Also fuhren wir am nächsten Morgen los. Und da kam es eben zu diesem Autounfall, der so großes Aufsehen hervorrief – weil man im Westen sagte, der Kommunismus hat ihn [den Wiener Erzbischof] in eine Falle gelockt.«

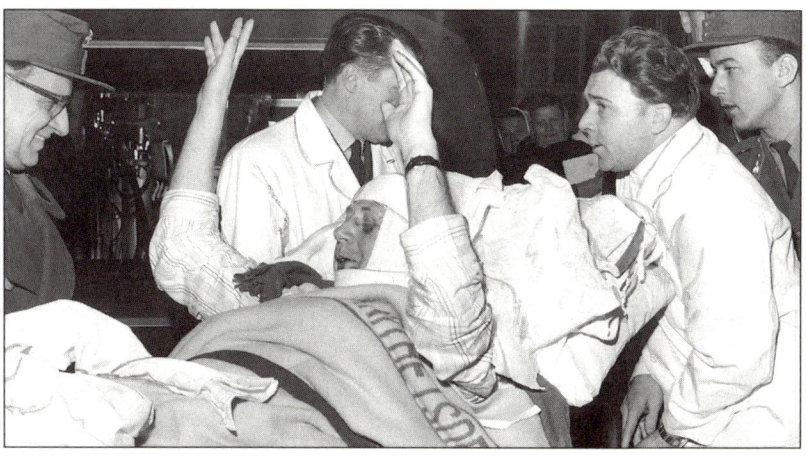

Wird bei der Rückkehr aus Varaždin von Tausenden Wienern begrüßt: Der nach seinem Autounfall 1960 schwer verletzte Kardinal Franz König

Kardinal König war am Morgen des 13. Februar 1960 von Wien über den Grenzübergang Spielfeld Richtung Zagreb gefahren. Im Wagen befanden sich sein Fahrer Martin Stadler und sein Zeremoniär, der spätere Weihbischof Krätzl. Der Unfall ereignete sich bei Varaždin. Stadler kam ums Leben. Krätzl und König wurden schwer verletzt.

Damals und auch später tauchten Vermutungen auf, der KGB oder andere Ostblock-Geheimdienste hätten Kardinal König in eine Falle gelockt – und das Attentat als Unfall getarnt. Kardinal König: »Ich war aber dann selber auf Grund des Augenscheines davon überzeugt, dass es doch ein Unglück war: Die Straße war vereist, es war eine dunkle Straße. Ich habe noch ganz deutlich in Erinnerung: Ein großer Lastwagen kommt auf uns zu, der sieht das Rutschen unseres Wagens und steuert an den Straßenrand. Und wie wir auf gleicher Höhe waren, dreht sich mein Wagen – und fährt in die Flanke des Lastwagens hinein.«

Kardinal König wird in das Krankenhaus von Varaždin eingeliefert und operiert: »Ich erinnere mich noch deutlich: Ich lag allein in einem kleinen Krankenzimmer von Varaždin. Da waren nur vier weiße Wände – und das Bild von Tito.

Und nach einigen Tagen, wie ich wieder so halbwegs war, habe ich mir gedacht: ›Mein Gott, jetzt liege ich da! Was bedeutet das, was soll das sagen?!‹

Und da kam mir der Gedanke deutlich: Der Erzbischof von Wien muss sich um die Kirche hinter dieser weißen Wand kümmern! Weil ich gemerkt habe, welches Aufsehen das erregt hat, dass ich damals nach Zagreb fahren wollte. Also einen Besuch der Kirche ›auf der anderen Seite‹.«

In einem kahlen Krankenzimmer in Varaždin kam also der Anstoß für eine Initiative, die im Kalten Krieg mehr bewirken sollte als so mancher Akt der Politik: zum Einsatz des Wiener Erzbischofs für die Kirche hinter dem Eisernen Vorhang.

König: »Später kam dann noch ein äußerer Anstoß von Papst Johannes XXIII. Der sagte zu mir, als ich wieder so halbwegs wiederhergestellt war: ›Na, warum fahren Sie nicht nach Budapest zu Kardinal Mindszenty? Besuchen Sie ihn – ist ja nicht weit weg!‹ Hab ich gesagt: ›Das ist leicht gesagt, da ist ja der

Eiserne Vorhang dazwischen, da kann doch kein Mensch drüber hinwegkommen!‹ Sagt er darauf schelmisch: ›Gehen S' auf den Bahnhof, kaufen Sie sich eine Fahrkarte – es wird schon gehen!‹ Und ich drauf: ›Ja, wenn Sie mir helfen!‹

Das war dann eine lange, aufregende Geschichte!«

Kardinal Mindszenty war 1948 als Gegner der Kommunisten in einem Schauprozess zu lebenslanger Haft verurteilt worden. 1956 wurde er im Ungarn-Aufstand zunächst befreit und fand bei der Niederschlagung durch die Sowjettruppen Asyl in der amerikanischen Botschaft in Budapest. 15 Jahre lang lebte er dort als Asylant auf exterritorialem Boden. 1971 durfte er – nachdem ihn Kardinal Franz König mehrmals aufgesucht hatte – Ungarn verlassen.

Kardinal König stellte im Auftrag des Papstes den Kontakt zum Primas von Ungarn in der US-Botschaft her. König zu seiner spektakulären Mission am 18. April 1963: »In Budapest sah ich zum ersten Mal die dortige amerikanische Botschaft. Der Portier, ich war im schwarzen Anzug, fragt mich: ›Wer sind Sie?‹ Ich war furchtbar vorsichtig: ›Das kann ich Ihnen nicht sagen. Ich bin Geistlicher, ich möchte Kardinal Mindszenty besuchen.‹ Sagt er: ›Wenn Sie sich nicht deklarieren, kann ich Sie nicht in die Botschaft lassen.‹ Da kam zufällig ein Mann der Botschaft, der mich früher in Wien einmal besucht hatte. Sieht mich – und ich komme hinein.

Dritter Stock, die Tür geht auf, ein kleiner Mann mit großen Augen schaut so lala, Kreuz auf der Brust, redet mich auf Lateinisch an. Ich sehe ihn zum ersten Mal – ich war sehr gespannt, wie er überhaupt aussieht.

Das klingt heute alles merkwürdig, heute ist man in zwei Stunden in Budapest. Damals war das so weit weg wie Sibirien.

Mindszenty redet mich also auf Lateinisch an. Er tut sich aber schwer mit Latein, es geht nicht sehr gut – also reden wir Englisch weiter. Am Anfang, noch auf Lateinisch, hat er mich mit dem Worten begrüßt: ›Pontifex, was wünscht der Papst von mir?‹ Habe ich gesagt: ›Gar nichts! Er schickt Ihnen Grüße und möchte von Ihnen nur wissen, wie es Ihnen geht.‹

Dann hat er mich in sein Zimmer geführt. Zwei Zimmer, eines etwas größer und ein ganz kleines, ganz schmales Schlafzim-

mer. Und er geht sofort zum Radioapparat hin – volle Lautstärke, damit niemand mithören kann. Ich weiß nicht, wieweit das
wirklich funktioniert hat damals. Unter diesem Krach und
Lärm saß ich stundenlang bei Mindszenty und hab gemerkt:
Der Mann will sprechen, sprechen, sprechen, will erzählen. Ich
hab gar nicht viel gesagt.«

Kardinal Königs Schlussfolgerung: »Von Mindszenty habe ich
den Eindruck mitgenommen: Die Leute [in Osteuropa] suchen
Kontakt! Diese Erkenntnis war wichtig für mich. Und von da
an ging das so richtig los. Ich bin dann in alle Länder [des Ost-
blocks] gefahren – mit Ausnahme von Albanien. Ich war sogar
in China.«

König legt besonderen Wert darauf, dass er die Osteuropa-
Kontakte aus eigenem Antrieb und nicht im Auftrag Roms ge-
pflegt hat. Kategorisch dementiert er, gleichsam »in diplomati-
scher Mission des Vatikans« gereist zu sein: »Ich habe das immer bewusst getan als Erzbischof von Wien. Nicht als Vertreter
des Vatikans. Ich habe zwar den Vatikan informiert – und der
Vatikan war zunächst ein bisschen skeptisch: ›Was macht der
Mann da?!‹«

Von welchem Papst bekam Franz König in seinen Osteuropa-
Aktivitäten die meiste Unterstützung? »Also, Johannes XXIII.,
den hat das interessiert. Er hat nicht viel gesagt, er hat immer,
wenn ich ihm was erzählt habe, eine abwartende Position eingenommen. Aber er war sehr dankbar. Ich habe dann bei ihm
immer wieder leicht Zugang gehabt.

Aber begonnen hat das dann mit Paul VI. Der hat einmal zu
mir gesagt: ›Wir können ja die Dinge nicht so einfach lassen,
wie sie sind. Wir müssen uns um die [in Osteuropa] kümmern.
Aber wie machen wir das?‹ Er hat nicht gewusst, wie man das
überhaupt machen soll. Also, es hat unter Johannes XXIII. angefangen – und Paul VI. hat mir dann bewusst gesagt: ›Ja, ich
bin dafür!‹ Ich würde sagen, Paul VI. hat das bewusster und
deutlicher gesagt als Johannes XXIII.«

König intensivierte darauf seine Kontakte hinter dem Eisernen
Vorhang: »Das waren für mich dann zum Teil eindrucksvolle
Begegnungen. Ich hatte mich irgendwie auf Bischöfe konzen-
triert, die Einladungen kamen von den Bischöfen. Ich habe ge-

Privataudienz beim Heiligen Vater: Kardinal König bei
Papst Johannes XXIII. im Herbst 1960

wusst, wenn ich einen Pfarrer besuche, bedeutet das für den eine große Schwierigkeit.«
Franz König hatte, sobald er auf Nachbarschaftsbesuch war,
den jeweiligen Geheimdienst im Nacken: »In der heutigen Slowakei galt mein erster Besuch damals dem Bischof in Trnava
(Tyrnau). Als ich dort ankomme, frage ich mich durch: ›Wo
wohnt der Bischof?‹ Und wie ich zum Haus komme, fragt mich
ein Mann: ›Was wollen Sie?‹ War das die Geheimpolizei! Sie hat

mich sofort abgefangen – ich habe erst dann erfahren, wer der Mann war. Jeder Bischof hat damals große Schwierigkeiten gehabt: Wo bin ich sicher? Mit wem kann ich reden?«

Eine besondere Beziehung bestand zum Prager Erzbischof Kardinal Tomášek: »Ich habe einige Male bei ihm genächtigt – auf der Prager Burg. Tomášek war ganz isoliert. Der hatte einen Portier, der war Verbindungsmann nach beiden Seiten.

Tomášek hat mir gegenüber sehr herzlich und offen gesprochen, er konnte gut Deutsch. Und er hat dann immer, wenn er über das Thema des Wandels gesprochen hat, das Radio auf volle Lautstärke aufgedreht. Er war ein mutiger Mann. Der hatte schon einen so starken Rückhalt im Volk, dass die Geheimpolizei nicht recht agieren konnte.«

Der Prager Erzbischof war am Höhepunkt des Kalten Kriegs in seiner Bewegungsfreiheit völlig eingeschränkt: »Er durfte auf der Prager Burg nicht als Bischof gekleidet den Weg von seiner Wohnung über den Burgplatz gehen. Er musste mit dem Auto fahren. Alles nur, damit er nicht öffentlich als Bischof in Erscheinung tritt!«

Das kritische Verhältnis zwischen Ostblock und Vatikan kam während des Zweiten Vatikanischen Konzils zur Sprache, das Papst Johannes XXIII. am 11. Oktober 1962 im Petersdom feierlich eröffnete. Über 3000 Konzilsväter aus 133 Nationen versuchten bis 1965, Antworten der Kirche auf die Entwicklungen im 20. Jahrhundert zu finden – auch eine Antwort auf den Kalten Krieg. Kardinal König, Mitglied der zentralen Vorbereitungskommission und der Theologischen Kommission, war eine der führenden Persönlichkeiten des Konzils.

König zu den Konzilsberatungen über den Kommunismus: »Beim Konzil hat man dieses Problem deutlich gespürt, da war die große Debatte: Soll das Konzil den Kommunismus feierlich verurteilen oder nicht? Es waren dann die Bischöfe aus dem Osten, die gesagt haben: ›Um Gottes willen, nur das nicht! Das schadet uns nur!‹ Dagegen gab es im Westen starke Bestrebungen, den Kommunismus zu verurteilen. Heraus kam, dass es dann hauptsächlich nur um den Atheismus ging – und der Kommunismus gar nicht angegriffen wurde.«

Rückblickend meint König skeptisch: »Das Konzil in seiner

Gesamtheit hat sich nicht sehr um den Osten gekümmert. Es hat nur mit Interesse zur Kenntnis genommen, welche Bischöfe [aus Osteuropa] zum Konzil gekommen waren. Es kamen ja nicht alle. Aber die Frage ›Was machen wir mit dem Osten?‹ wurde nur so am Rande behandelt. Es war überhaupt das Tragische, dass sich der Westen eigentlich damit abgefunden hat: Der Eiserne Vorhang wird durch Jahrzehnte ganzen Generationen erhalten bleiben. Wenn man über Europa geredet hat, hat man Westeuropa gemeint. Daher auch die Enttäuschung drüben, die ich immer wieder gespürt habe: ›Kümmert man sich eigentlich um uns? Schreibt man uns ab und lässt uns einfach dahinvegetieren, so gut es geht?‹ Daher waren meine Ostbesuche auch Zeichen, dass man an sie denkt, man sich auch um sie kümmert.«

König wollte den Osteuropäern Signale geben: »Mein Bestreben war, ihnen zu zeigen: Schaut her, wir sind da. Wir reden miteinander. Wir überlegen manches. Aber es war nicht mein Plan oder mein Gedanke: Wie können wir da ›kleine Bomben‹ legen? Oder: ›Wie können wir einen Gegenangriff vorbereiten?‹ Daran habe ich nicht gedacht.«

Die Kontakte nach Polen waren es, die Kardinal König eine historische Begegnung bringen: »Einmal, ich weiß nicht, die wievielte Reise es von mir nach Polen schon war, fuhr ich über Prag nach Krakau und später Warschau hinauf nach Schlesien. Auf der tschechischen Seite der Grenze hat man die Angst und Neugier gespürt. Dann komme ich hinüber auf die polnische Seite – da haben die Leute gelacht. Die Stimmung war ganz anders: Lebendig, natürlich im Verhalten. Ich wurde von einem Beamten vom Bezirksrat begrüßt.

Und im Hintergrund wartet ein Geistlicher, ein junger Mann. Der kommt auf mich zu – ich frage: ›Wer ist denn das?‹ Heißt es: ›Das ist der neue Weihbischof von Krakau.‹ War das der Wojtyla. Ich bin auf ihn zu, habe ihn begrüßt. Er war zurückhaltend, eher scheu. Er hat zuerst nicht viel Deutsch geredet. Er hat mich dann mitgenommen nach Krakau.«

So verlief die erste Begegnung des Wiener Erzbischofs mit Karol Wojtyla, dem späteren Papst Johannes Paul II. – nicht zuletzt mit Förderung durch Franz König.

Dabei verneint König, dass das Konklave bei der Wahl Wojtylas den Kampf gegen Kommunismus und Atheismus als Ziel hatte.

König: »Die Frage, die damals im Vordergrund stand, hieß: ›Soll's ein Italiener sein oder ein Nicht-Italiener?‹

Es war so im Konklave: Von außen hat man immer die Vorstellung, da finden ständig Versammlungen der Kardinäle statt. Aber in Wahrheit ist das nicht so. Man ist alleine, man trifft sich zu zweit, zu dritt. Man betet miteinander und frühstückt in kleinen Gruppen. Wer das von außen sehen würde, könnte meinen, da tut sich nicht viel. Wesentlich sind die intensiven Kontaktgespräche in kleinen Gruppen.

Zunächst schien es bei den Wahlgängen so, als könnte es wieder ein Italiener werden. Ich gehörte damals zu jenen, die gesagt haben: ›Nein, macht einmal eine Zäsur. Es soll ein Nicht-Italiener werden!‹ Erst im Überlegen, wer das sein könnte, tauchte der Name Wojtyla auf. Da haben einige gesagt: ›Ja, der ist denkbar.‹ Ich selbst habe am Anfang nicht damit gerechnet. Das hat sich dann erst in den Abstimmungen ergeben. Bis er, Wojtyla, dann die Zweidrittelmehrheit erhalten hat.«

Dann kam es zu dem für Kardinal König so spannenden Moment, ob der Kardinal von Krakau die Wahl annimmt: »Es war in der Sixtinischen Kapelle. Da ist so ein kleiner Altartisch vorne, und links und rechts, von vorne nach hinten, sind die Sitze der Kardinäle, die zum Konklave zusammengekommen sind, doppelreihig. Ich saß in der vorderen Reihe, auf der linken Seite, von hinten gesehen. Schräg hinter mir der Kardinal von Krakau. Wie die Wahl dann vorlag, war das auch für mich eine gewisse Überraschung. Ich hatte nicht mit Sicherheit damit gerechnet.

Und da habe ich mir gedacht: ›Jetzt bin ich aber gespannt, ob er die Wahl annimmt.‹ Denn sobald die Zweidrittelmehrheit gegeben ist – das darf man ruhig sagen, man darf nur nicht erzählen, welche Stimmenverhältnisse es gegeben hat und welche Namen es waren –, wird der Gewählte gefragt, ob er die Wahl auch annimmt. Für mich war das wirklich spannend und aufregend: Wie wird er jetzt antworten?! Ich hatte also auch im Stillen damit gerechnet, dass er Nein sagt.

Und er hat dann Ja gesagt und hat sein Ja kurz begründet, warum er annehme: Es gehe nicht nur um diplomatische oder politische Geschichte, ›hier geht es darum, dass Schicksale geklärt werden‹ – und zeigt mit dem Finger nach oben.

Dann die zweite Frage, die sofort kommt: ›Und welchen Namen wählen Sie?‹ Er hat gleich gesagt: ›Johannes Paul II.‹ Damit war für mich sofort klar. Er will die Linie seiner Vorgänger fortsetzen – Johannes XXIII., Paul VI., Johannes Paul I. Das waren Leitlinien.«

Die Skepsis über diese sensationelle Papstwahl war auch nach Ende des Konklaves in Rom spürbar. König: »Als das Konklave zu Ende war, komme ich ins Gespräch mit einem Teilnehmer aus Australien oder Ozeanien. Er sagt: ›Jetzt haben wir einen Papst aus dem Ostblock. Um Gottes willen, wie wird das gehen? Eine Angst und Unsicherheit – ja, ist das gescheit gewesen?!‹

Dann fragt mich der Sprecher des Konklaves noch: ›Wie spricht man denn den Namen [Karol Wojtyla] aus?‹ Hab ich ihm das erklärt. Sagt er: ›Jetzt werden Sie sehen, wenn ich das draußen mitteile – das wird jetzt einen Aufruhr geben!‹ Er hat gemeint, man werde dagegen protestieren.

Dann geht er hinaus auf den Balkon und verkündet von St. Peter aus: ›Habemus papam – wir haben einen neuen Heiligen Vater!‹ Aber kein Mensch hat auch nur gefragt, wer das ist. Man hat das mit Staunen und Überraschung zur Kenntnis genommen.«

Die Auswirkungen dieser Papstwahl hatte Kardinal König im Hinterkopf: »Für mich war der nächste Gedanke: Wie reagiert der Kommunismus? Wie reagiert Russland? Wie reagiert die Zentrale des Weltkommunismus? Ich habe festgestellt, es hat lange gedauert, bis sie zu einer Antwort gefunden haben. Erst im Laufe der Zeit ist die gekommen, denn offenbar wussten sie zuerst nicht, was diese Wahl für den Kommunismus bedeutet.«

Damit hatte der Vatikan seine historische Antwort auf die große Herausforderung des Kommunismus, des Atheismus marxistisch-leninistischer Prägung gefunden. Kardinal König war Augenzeuge und Entscheidungshelfer dieser Weichenstellung, von der viele sagen, die Wahl eines Polen zum Papst habe den Fall der KP-Herrschaft in Osteuropa wenn schon nicht verursacht, so zumindest rasant beschleunigt.

Tummelplatz der Ost-West-Spionage

Carols Reeds Filmklassiker »Der Dritte Mann« und »Die vier im Jeep« – zwei Symbolbegriffe Österreichs in zehn Besatzungsjahren, der ersten heißen Phase des Kalten Kriegs.

»Der Dritte Mann« wurde zum stehenden Begriff für die Wiener Grauzone zwischen Besatzung, Schwarzmarkt, Frontenwechsel zwischen Ost und West. »Die vier im Jeep« wurden zum Symbol für einen oft nur noch zum Schein aufrechterhaltenen Gleichschritt der Alliierten.

Doch waren die vier Besatzungsmächte nach dem Alliierten Kontrollabkommen wenigstens zu einer gewissen formellen Kooperation im geteilten Wien gezwungen, so schritten ihre Geheimdienststäbe sofort mit der Besetzung Österreichs zur gegenseitigen Spionage.

Der im Kalten Krieg zu legendärem Ruf gelangte Leiter der DDR-Auslandsspionage, Markus Wolf, brachte es im CNN-Interview auf den Punkt: »Die unsichtbare Front – das ist es, was den Kalten Krieg ausgemacht hat. Und für uns war das Krieg. Die Soldaten mögen in Alarmbereitschaft gewesen sein – aber für uns und die anderen, die hinausgingen in die Kälte, war es tatsächlicher Krieg.«[46]

Die Aufklärung der Alliierten eskalierte in der letzten Kriegsphase zu intensiver Spionage. Ausschlaggebend war besonders die US-Entwicklung der Atombombe – und die Gewaltanstrengung des Kreml, an die Konstruktionspläne zu kommen. Klaus Fuchs, deutscher Physiker und Mitarbeiter am US-Atomwaffenprogramm, verriet Moskau die Baupläne.

Wie sehr Wien durch das enge Nebeneinander der vier Besat-

Symbol für alliierte Besatzung durch Amerikaner, Briten, Franzosen und Russen: »Die vier im Jeep«

zungsmächte zum Aufmarschgebiet der Geheimdienste wurde, zeigt das Beispiel der Geheimdienst-»Operation Lord«.

»Operation Lord« war der Codename eines Kommandounternehmens der Briten in Österreich. Mit Tunnels, die sie zu sowjetischen Fernmeldeeinrichtungen legten, hörten sie ab 1953 die Kommunikation der Sowjetbesatzungsmacht in Wien ab. Guido Knopp schildert in »Top-Spione. Verräter im Geheimen Krieg« die Arbeit der Sektion Y, einer der geheimsten Abteilungen des SIS (Secret Intelligence Service, britischer Geheimdienst, Anm.), ab Oktober 1953: Ihre Aufgabe ist es, »diplomatisch und militärisch wichtige Telefonleitungen der Sowjets in London, Genf und Wien anzuzapfen«.[47]

Britische Geheimdienst-Spezialisten unter Leitung des Eton- und Oxford-Absolventen Peter Lunn zogen in Wien eine Telefon-Abhöraktion von James-Bond-Format auf: »Vier Abhörtunnel waren in Wien von Lynns Männern angelegt worden.

Die Ausbeute von der Zapfstelle direkt an der Leitung vom sowjetischen Hauptquartier im alten Hotel ›Imperial‹ zur Moskauer Zentrale war einfach enorm. Dieser Lauschangriff dauert drei Jahre – bis zum Verrat durch [Überläufer] Blake.«

Nicholas Elliott, Mitglied des SIS-Direktoriums: »Am Ende verfügten wir in Wien über vier Tunnel von verschiedener Größe und Wichtigkeit. Sie erforderten nicht nur während des Baus viele Arbeitskräfte, auch ihr Betrieb war sehr aufwendig. Der zu bewältigende Informationsstrom war überwältigend. Bei einem meiner Wienbesuche bin ich in einem der Tunnel gewesen. Selten hatte ich solche Platzangst wie in dieser Röhre. Später, als ich Chef der SIS-Station in Wien war, begann ein amüsantes Nachspiel. Die Telefoningenieure der österreichischen Post beschwerten sich regelmäßig bei uns, wenn sie wieder einmal einen unserer alten Tunnel oder eine Zapfstelle gefunden hatten. Dann gab es bei ihnen Leitungssalat.«

Die Geheimdienstaktion in Wien wurde zur Probe für den Ernstfall im geteilten Berlin – zur aufwendigsten Aktion des CIA, zum bis dahin spektakulärsten Lauschangriff nach Kriegsende. Die »Operation Gold« in Berlin war eine Gemeinschaftsaktion von SIS und CIA. Pioniere der US-Armee gruben sich in der Nähe des Berliner Flughafens Schönefeld bis zum Februar 1955 zu den Fernmeldeleitungen der sowjetischen Militärs heran. 583 Meter war der Abhörtunnel lang. Ein Jahr später machten die Sowjets dem Treiben ein Ende.

Wien war aber nicht nur Probebühne, sondern vor allem wichtiger Umschlagplatz für Geheimdienstaktionen – und sollte es auch nach Abzug der Besatzungsmächte bleiben.

Franz Olah hält im Rückblick dieses »Dritte-Mann-Image« zwar etwas für übertrieben, meint aber: »Früher hat sich hier alles getummelt, was es [in der internationalen Geheimdienst-Szene, Anm.] gegeben hat. Und Österreich hat da geduldig weggeschaut – wir waren ja nicht betroffen.«

Während der Besatzung konnte es sich Österreich formell nicht erlauben, gegen Geheimdienstaktivitäten der Alliierten einzuschreiten. Also stellte Österreich Spionage nur dann unter Strafe, wenn sie direkt gegen den österreichischen Staat gerichtet war.

Exaußenminister Leopold Gratz dazu: »Wir waren wahrscheinlich wirklich die Drehscheibe. Aber wir haben gesagt: Als Österreicher sind wir insofern tolerant, als wir sagen, solange keine Gewalttaten passieren, solange Amerikaner gegen Russen oder Tschechen gegen Amerikaner in Wien spionieren, ist das nicht unsere Angelegenheit – solange nicht österreichische Staatsgeheimnisse verraten werden. Aber die kann man eh nicht verraten, in Österreich braucht man sich nur den Amtskalender zu kaufen, um sämtliche Bundesheerinstallationen zu wissen.«

Erhard Busek betont: »In der Zeit des Kalten Kriegs haben Chinesen, Sowjets, Amerikaner hier jeweils 500 Mann Botschaftspersonal angemeldet gehabt. Für das kleine Österreich!« Ein Faktum, auf das auch Wiens Altbürgermeister Zilk verweist: »Wien war einer der zentralen Treffpunkte der Geheimdienste. Das wissen wir heute. Man braucht sich nur die Anzahl der Botschaftsmitarbeiter anschauen: Was die Chinesen, die Russen hier Mitarbeiter gehabt haben, da hätten sie ja 20 Botschaften ausstatten können!«

Exinnenminister Karl Blecha: »Unser Problem war die starke Präsenz des KGB. Das, was man später ›Russen-Mafia‹ bezeichnete, hat sich ja sehr häufig alter, funktionierender KP-Kanäle bedient. Der KGB war in Westeuropa relativ stark – die Kontakte im neutralen Österreich aber waren weitgehend korrekt. Ohne Staatsgeheimnisse preiszugeben: Wir waren informiert über Zahl und Aufgabe der KGB-Leute, die in Österreich akkreditiert waren oder bei den internationalen Organisationen. Sehr viele sind ja nachher hier geblieben und in Wirtschaftsfunktionen irgendwelcher Export-Import-Firmen eingestiegen oder haben solche gegründet.«

Blecha verteidigt die österreichischen Sicherheitsbehörden: »Ist doch völlig Wurscht, wenn da einer auf einer Parkbank einem anderen ein Kuvert zusteckt! Was geht das uns an? Wir Österreicher nehmen es zur Kenntnis – und überwachen nur, dass diese Leute keine österreichischen Gesetze verletzen. Umgekehrt haben die gewusst, dass sie hier nichts unerkannt tun können. Wenn es Verletzungen dieser ungeschriebenen Agreements gab, dann sind wir eingeschritten!«

Wie sich der Alltag von Agenten in Wien abspielte – davon ein

Musterbeispiel: Zwei Jahrzehnte lang verkaufte der Amerikaner John Walker geheimste Dechiffriercodes der US-Streitkräfte an den KGB. Die Treffen mit Walker werden 1978 vom KGB nach Wien verlegt. Nach einem »Wiener Verfahren« soll er Kontakt mit dem KGB-Mittelsmann aufnehmen:

»Kommen Sie um 18 Uhr 15 zum Fachgeschäft ›KOMET KÜCHEN‹ Ecke Schönbrunner Straße / Ruckergasse. Damit Sie leicht identifiziert werden können, tragen Sie Ihre Kameratasche über der rechten Schulter und eine Papiertüte in der linken Hand. Halten Sie sich zwischen 18 Uhr 15 und 18 Uhr 17 etwa zwei Minuten lang in der Nähe des Schaufensters auf, indem Sie langsam auf und ab gehen. Dann begeben Sie sich in die Ruckergasse zurück, gehen an den Säulen der Firma ›Fernseh-Kratky‹ vorbei; am letzten Schaufenster bleiben Sie stehen ...«

Nun muss der Agent 35 Minuten zu Fuß nach einer detaillierten Routenbeschreibung in schier endlosem Zickzack durch die Straßen und Gassen des 12. Wiener Bezirks gehen. Dann hat der Spion endlich den Ort erreicht, wo er seinen KGB-Führungsoffizier trifft: »Interessieren Sie sich zwischen 18 Uhr 55 und 18 Uhr 58 für die Schaufensterauslagen des Herrenmodengeschäfts ›BAZALA Internationale Kleidung‹ an der Ecke Meidunger [Meidlinger] Hauptstraße / Füchselhofgasse. Sie werden entweder dort oder irgendwo entlang des Weges angesprochen.«[48]

Agenten nutzten Wienaufenthalte oft als Absprungbasis. Und nicht nur für CIA und KGB war Wien Drehscheibe im »Kalten Krieg der Geheimdienste« – auch für ihre Verbündeten. Vor allem die deutschen Nachrichtendienste – West wie Ost – operierten in Österreich: Das Salzburger Land wurde zur beliebten Ausweiche für deutsche Agenten.

Ludwig Steiner bestätigt: »Merkwürdigerweise war eine Zeit lang Salzburg sehr interessant. Offenkundig haben sich Leute von der Bundesrepublik aus im Salzburgischen mit östlichen Diensten getroffen, eine Zeit lang häufiger als in Wien.«

Wie sich am Beispiel des DDR-Rechtsanwaltes Wolfgang Vogel zeigte, galt für die ostdeutschen Agenten Österreich als beliebter Treffpunkt – bis in die letzten Tage des SED-Regimes.

So bestand die DDR bei einem groß angelegten Agentenaustausch zwischen Ost und West Anfang 1986 auf einem Treffen im Alpenskiort Gerlos. Dort mussten amerikanische und westdeutsche Unterhändler gemeinsam mit DDR-Abgesandten einen Ringtausch absegnen – prominentestes Tausch-»Subjekt«: Sowjet-Bürgerrechtskämpfer Anatolij Schtscharanski. US-Unterhändler Meehan über das Agententreffen in den österreichischen Alpen: »Gerlos war wie ein schlechtes ›B-Movie‹, wie wir das nennen – ein billig heruntergekurbelter Film.«[49]

Als die österreichische Staatspolizei gegen den DDR-Leiter der Hauptverwaltung Aufklärung (HVA), Markus Wolf, Anfang der 90er Jahre ermittelte, hieß es, für die HVA sei Wien »ein wichtiges Drehkreuz« gewesen. Erst zehn Jahre nach dem Sturz des DDR-Regimes beginnt sich der Nebel zu lichten: Zum Jahreswechsel 1999/2000 wurden Stasi-Unterlagen des breit angelegten DDR-Spionagenetzes in Österreich bekannt. Die Folgen der Aufdeckung der »Kundschafter des Friedens«, wie das DDR-Regime seine Spione nannte, waren nicht abzusehen.

Wie der Schweizer Geheimdienstexperte Hans Rudolf Fuhrer 1997 nach Recherchen in den Archiven der ehemaligen DDR-Staatssicherheit bestätigte, waren die Schweiz und Österreich im Kalten Krieg beliebte Ziele der Geheimdienste. Die Methoden erinnern an James-Bond-Verschnitte: »Sowjetische Lastwagen auf Spionagefahrten quer durch Europa«, deren Chauffeure den Führerstand eines Panzers mit dem Lenkrad vertauscht hatten; »vom Kurs abgekommene Aeroflot-Maschinen«; Nachrichtenbeschaffung durch »Informelle Mitarbeiter«, wobei der Flughafen Wien-Schwechat »als beliebter Transitflughafen nach Ostberlin diente«.

Dazu kam Spionage von Donauschiffen aus. Ludwig Steiner über einen der bekanntesten Fälle: Anlässlich einer großen Bundesheerübung Mitte der 70er Jahre »hatten die Sowjets ein Kohleschiff auf der Donau stationiert – und griffen mit Fehlmeldungen in den Funkverkehr mit Einheiten des Bundesheeres ein«. Laut Steiner »haben das die Österreicher herausbekommen und ihrerseits mit den Sowjets gespielt«.

Wenn es nicht um sensible Bereiche ging, zeigten sich die Österreicher oft nachsichtig. Erhard Busek: »Ich bin einmal von Franz Josef Strauß auf zwei Spione angesprochen worden.

Denen hatte die österreichische Sicherheit gesagt: ›Wenn ihr nicht in drei Tagen weg seid, müssen wir euch verhaften!‹ Agenten-Abschiebung auf Österreichisch.

Die Zahl aller Spionagefälle in und um Österreich aufzuzählen würde den Rahmen dieses Buches sprengen. Jeder sensible Bereich in Österreich war Ziel der Geheimdienste: Ob es die ungarische, polnische oder tschechoslowakische Exilantenszene in Österreich war, ob es die in Wien ansässigen UNO-Organisationen waren oder die überdimensionierten Botschaften, die österreichischen Regierungs- und Sicherheitsbehörden, Wirtschaftsträger und Industrieunternehmen. Dann das von den USA im Rahmen der Cocom-Regeln so rigoros kontrollierte Exportverbot von Hochtechnologie in den Ostblock: vom Westen, wenn es galt, das Embargo zu kontrollieren; von Ostblockseite, wenn es hieß, das Exportverbot zu unterlaufen.

Die DDR-Aufklärung in Österreich konzentrierte sich besonders auf Wirtschaftsziele. Karl Blecha: »Wir haben ostdeutsche Agenten gehabt, die waren in den Planseewerken – Ingenieure. Wir haben alle mögliche Formen von Wirtschaftsspionage gehabt, auch sowjetische. Da gab es Übergriffe, wo wir dann zugeschlagen haben.«

Ein besonders heikles Kapitel war das Klima Wien – Prag. Die Prager Spionage war viel gezielter als die anderer Ostblockstaaten gegen Österreich gerichtet. Karl Blecha: »Die tschechische Spionage war eindeutig gegen uns gerichtet. Das war ein belastender Faktor, weil wir auch immer wieder mit Angaben konfrontiert wurden, wer aller die tschechischen Geheimdienstler mit Informationen versorgt. Da ist großer Wert darauf gelegt worden, diese Informationsquellen abzudichten.«

Blecha zu Prags Lauschangriffen gegen Österreich: »Wie man jetzt nachträglich weiß, haben die Tschechen ja auch das Innenministerium abgehorcht. Das habe ich damals [als Minister] nicht gewusst.« So hatte die ČSSR-Fernmeldeaufklärung zwei große Abhöranlagen an der Grenze zu Österreich installiert, mit denen der Funkverkehr in weiten Teilen Österreichs aufgefangen werden konnte. Sogar die Autotelefone österreichischer Politiker wurden abgehört.

Besondere Brisanz erhielt der Vorwurf der Prager Behörden

1998, Helmut Zilk habe für den ČSSR-Geheimdienst Informationstätigkeit ausgeübt. Den Vorwurf weist Zilk im Zeitzeugen-Gespräch als »glatten Unsinn, den ich schon x-mal widerlegt habe«, entschieden von sich. Der »Fall Zilk« ist aber Beispiel dafür, wie gezielt das Prager KP-Regime Agenten auf österreichische Entscheidungsträger anzusetzen versuchte.

Österreich war eben nicht nur Aufmarschgebiet der Ost-Agenten, sondern auch Operationsgebiet der Gegenseite. Erhard Busek: »Es konnten auch die Amerikaner einiges von österreichischem Boden aus machen – und haben das auch gemacht. Also, der erste zugeteilte Botschaftssekretär war bei den Amerikanern doch die längste Zeit immer ein hochrangiger CIA-Mann. Nicht wegen Österreich. Bei uns brauchen sie keinen CIA – da können sie alles erfragen.«

Viel Staub wirbelte 1990 die Affäre um den US-Diplomaten Felix Bloch an der US-Botschaft in Wien auf – im Dunstkreis des westlichen Technologie-Embargos gegen den Ostblock. Der Karrierediplomat wurde 1990 wegen Spionageverdachts entlassen. Bloch war auch für die Verhinderung illegalen Hochtechnologie-Transfers in den Ostblock zuständig. Die US-Ermittler konnten ihn aber nie überführen.

Gerade beim Thema Hochtechnologie-Exportverbot stieß die US-Regierung in Österreich beileibe nicht nur auf Verständnis. Helmut Zilk: »Ich habe immer gesagt: Dieser Technologie-Transfer - das ist eine Sache, die die Amerikaner mit den Russen ausmachen müssen. Unsere Polizei hat doch nicht die Aufgabe, Büttel der Amerikaner zu sein – und schon gar nicht Büttel der Russen!«

Besonders scharf kritisiert der ehemalige Innen- und Außenminister Erwin Lanc amerikanische Kontrollen direkt in österreichischen Betrieben, um das Exportverbot von Hochtechnologie in den Ostblock durchzusetzen.

Wien war bis zum Ende des Kalten Kriegs Drehscheibe der Geheimdienste. Für manche blieb es das auch nach dem Fall des Eisernen Vorhangs. Franz Löschnak: »Ich glaube, dass Wien nicht nur bis zum Ende der Wende die Stadt des Dritten Mannes war, sondern dass sie es nach wie vor ist. Denn die Informationsdienste – um die ›Geheimnisse‹ der Geheimdienste etwas zu entzaubern – sind ja nach wie vor vorhanden. Es war ja zum Beispiel eine ganz skurrile Geschichte, dass nach der Wende KPD-Leute [Kommunistische Partei Deutschlands] in verstärkter Zahl an der russischen Botschaft akkreditiert wurden. Man hat nach der Wende unter Umständen mehr Informationsdienstler gehabt als vorher. Da wird sich seither nicht viel geändert haben – nur die Bereiche, über die Informationen gesammelt werden. Aber wir werden nach wie vor stark frequentiert. Weil die meisten Wien noch immer als ›Ruhezone‹ ansehen, als Vorbereitungszone.«

Tummelplatz der Spione – daran hat sich für Exinnenminister Löschnak auch nach dem Wendejahr 1989 nicht viel geändert.

Sowjetpanzer gegen Prager Frühling

Es ist 4 Uhr 30 am Morgen des 21. August 1968. Thomas Klestil, 36, Sekretär des Bundeskanzlers Josef Klaus, läutet an der Türglocke eines Ferienhauses in Wolfpassing im Tullnerfeld Sturm: Klestil weckt den österreichischen Regierungschef aus dem Schlaf.

Später schildert Klaus: »Ich habe damals in Wolfpassing nicht einmal ein Telefon gehabt. Wir haben uns in einer sicheren, ruhigen Zeit gefühlt, wo man glaubte, mit ›reitenden Boten‹ schnell genug erreichbar zu sein.«[50]

In den Morgenstunden des 21. August 1968 herrschte Alarm. In der Nacht hatten Österreichs Sicherheitsbehörden in der Tschechoslowakei massive Truppenbewegungen des Warschauer Paktes registriert. Auftakt zur Niederschlagung eines Reformexperiments, das den Ostblockverbündeten zu gefährlich wurde: der »Prager Frühling«. Versuch der KP-Reformer um Alexander Dubček, dem Kommunismus ein »menschliches Antlitz« zu verpassen.

Sowjetische Fallschirmjäger brachten den Flughafen Prag unter ihre Kontrolle. Dann überschritt rund eine halbe Million Soldaten des Warschauer Paktes die Grenzen zur Tschechoslowakei: 20 Divisionen. Die Sowjettruppen stellten den Hauptteil, verstärkt von polnischen, ungarischen und bulgarischen Truppen. Auch zwei DDR-Divisionen nahmen teil – blieben aber vor der ČSSR-Grenze stehen, um keine Erinnerungen an 1938/39 zu wecken. Als einziger Warschauer-Pakt-Staat verweigert Rumänien die Teilnahme.

Als Klaus und Klestil im Morgengrauen von Wolfpassing Richtung Wien rasen, kommt ihnen ein Auto entgegen: ORF-Generalintendant Gerd Bacher war, von Nachrichten aus Prag alarmiert, nur mit dem Mantel über dem Pyjama ebenfalls zum Bundeskanzler unterwegs, um ihn nach Wien zu bringen.

Um 6 Uhr früh treffen Außenminister Kurt Waldheim, der Staatssekretär im Innenministerium, Roland Minkowitsch, und hohe Bundesheer-Offiziere im Bundeskanzleramt zur ersten Krisensitzung ein. Innenminister Franz Soronic ist noch auf Urlaub in Tirol. SPÖ-Chef Bruno Kreisky muss aus dem Urlaub auf der Adria-Insel Rab zurückgeholt werden.

Im Nachbarland kommt es zu unvorstellbaren Szenen: Obwohl die Prager Führung – anders als Ungarn 1956 – die Bevölkerung aufruft, sich ruhig zu verhalten, stellen sich unbewaffnete Zivilisten den Sowjetpanzern entgegen. Straßenschilder werden verdeckt, Hinweistafeln verdreht, um den Invasionstruppen die Orientierung zu rauben: ziviler Ungehorsam gegen eine Übermacht. Die ČSSR-Armee hat Befehl, in den Kasernen zu bleiben. »Lenin, wach auf! Breschnew ist verrückt geworden!« – »Iwan go home!« Solche Parolen empfangen die Invasionstruppen. Zwar wurde die Welt vom Ausmaß des Militärschlages überrascht – überraschend kam er nicht. Zu weit hatten sich die Reformer von der Moskauer Linie entfernt. Seit der Ablöse Novotnys am 5. Jänner 1968 hatte Alexander Dubček den Reformkurs ständig ausgeweitet und eine Reformer-Mannschaft in Schlüsselpositionen gebracht. Schon Mitte Juli trafen sich die Ostblockführer zum Krisengipfel in Warschau, am 3. August folgte ein weiterer in Preßburg. Ab 23. Juli hatten in der Sowjetunion, in Polen, in der DDR und in Ungarn Militärmanöver stattgefunden – düstere Vorboten.

Fred Sinowatz erinnert sich: »Bei den Ungarn 1956 war man landläufig noch der Meinung, die könnten durchkommen. Bei den Tschechen war man eher überrascht, dass die Russen nicht früher zugeschlagen haben. Unsere Sympathie war ganz bei den Menschen in der Tschechoslowakei.«

Auch Österreich war vorgewarnt: Kanzler Klaus hatte bereits im Juli Vorkehrungen treffen lassen. Laut Alarmplan von Innen- und Verteidigungsministerium sollte im Krisenfall die Exekutive im Grenzgebiet verstärkt werden, Bundesheereinhei-

Ein Bild ging um die Welt: Ein Prager stellt sich im
Universitätsviertel den Sowjetpanzern entgegen

ten sollten in die Sicherungsräume nördlich der Donau verlegt
werden.[51] In der Bundesheerführung wollte man dagegen bis
zur Grenze vorrücken.

Was Österreich, was den Westen überraschte, war die geballte
Militärmacht, mit der die Ostblockallianz zuschlug. Die War-
schauerpakt-Führung setzte ein Vielfaches der Soldaten ein, die
militärisch notwendig gewesen wären. Der Grund: Moskau
wollte mit der Übermacht jeden Widerstand im Keim ersticken
und kein »zweites Ungarn« riskieren. Zu Straßenkämpfen wie
in Budapest 1956 sollte es in Prag 1968 nicht kommen. Zugleich
diente die Übermacht als Vorbeugemaßnahme, sollte die
NATO einen Gegenschlag planen.

In Österreich nährte diese Strategie Befürchtungen, die Sowjettruppen würden es nicht bei einem Einmarsch in der ČSSR
bewenden lassen. Durchmarsch durch Österreich an die Adria
gegen Tito-Jugoslawien – ein Horrorszenario machte in Wien
die Runde.

Kurt Waldheim im Zeitzeugen-Gespräch: »Ich bin im Oktober 1968 als Außenminister mit Bundespräsident Jonas nach Jugoslawien geflogen auf Staatsbesuch. Da war der Prager Frühling schon niedergeschlagen. Und das Erste, was Tito uns an den Kopf geworfen hat: ›Ihr müsst daran denken, dass die Russen jederzeit über euer Territorium nach Jugoslawien vorstoßen können, weil sie an die Adria kommen wollen. Wir haben den Eindruck, dass ihr euch dessen zu wenig bewusst seid in Österreich und zu wenig militärische Vorkehrungen trefft. Wir schließen nicht aus, dass die Russen nach Bereinigung der tschechischen Krise über Österreich nach Jugoslawien vorstoßen.‹

Ich habe gesagt: ›Aber Herr Präsident, warum sollen sie über Österreich vorstoßen? Sie haben es ja viel leichter über Ungarn, Rumänien. Da brauchen sie ja nicht die Neutralität Österreichs zu verletzen.‹ Sagt Tito: ›Der Weg über Österreich ist doch der direkte und kürzeste!‹ Tito hat größten Wert darauf gelegt, dass Österreich Widerstand leistet, weil das den Jugoslawen helfen würde, Zeit zu gewinnen – sie haben von drei Tagen gesprochen.«

Für Österreich gab es ein zweites Bedrohungsszenario – wie schon in der Ungarn-Krise. Exgeneral Albert Bach: »Es bestand die große Gefahr: Was wäre, wenn die tschechische Armee Widerstand leistet, die Russen gegen sie vorgehen – und die tschechischen Verbände auf österreichisches Gebiet abdrängen? Das war 1968 die große Gefahr.«

Dies veranlasste die Regierung zu größtmöglicher Zurückhaltung. Die Grenze wurde nach ursprünglichem Alarmplan gesichert: 1000 Gendarmen wurden an die Grenze geschickt, um den Patrouillendienst zu verstärken. Die Bundesheertruppen erhielten den Befehl, »zur Verstärkung der Garnisonsbereiche nördlich der Donau« auszurücken. Also Respektabstand von 30 Kilometern zur Grenze, um die Sowjets nicht zu provozieren.

Dies stieß im Bundesheer auf heftige Kritik. Bach: »Diese Anordnung fand beim Bundesheer und der Bevölkerung an der Grenze wenig Verständnis und diente nicht dem Vertrauen der Bevölkerung zur Bundesregierung und zum Bundesheer. Falls es in der ČSSR zu Kämpfen gekommen wäre, hätte dies zu sehr nachteiligen Folgen für Österreich führen können.«

Die übertriebene Vorsicht wurde von der SPÖ angeprangert – Bruno Kreisky kritisierte die Alarmpläne im Landesverteidigungsrat massiv: »›Wenn die Russen 1956 nicht nach Österreich einmarschiert sind‹, so schloss ich, ›und damals hätten sie nach ihrer Interpretation sehr viel Grund gehabt, bis zur alten Demarkationslinie zurückzukehren, dann werden sie es jetzt auch nicht tun. Ich halte das für eine vollkommen abwegige Auffassung und alles, was Sie daraus an Konklusionen ziehen, für falsch.«[52]

Zehn Jahre nach der ČSSR-Invasion schilderte Kanzler Klaus im KURIER-Interview den Auftritt des sowjetischen Botschafters Podzerob im Kanzleramt. Der Botschafter erklärte: Die Regierung in Prag habe sich an die »sozialistischen Staaten« mit der Bitte gewandt, unmittelbare Hilfe zu leisten, einschließlich der durch Streitkräfte. Die Sowjetunion habe die notwendige Hilfe erwiesen. Schlusssatz des Botschafters: Selbstverständlich würden die Streitkräfte sofort wieder abziehen, sobald die Sicherheit der Tschechoslowakei wiederhergestellt sei.[53] Eine eklatante Falschmeldung: Die letzten 73500 Sowjetsoldaten, die nach Niederschlagung des Prager Frühlings in der Tschechoslowakei blieben, wurden erst 1990/91 abgezogen – damals gab es die ČSSR gar nicht mehr, sie war längst von der ČSFR abgelöst worden.

Drei Jahrzehnte später will Josef Klaus der Darstellung der dramatischen Ereignisse 1968 nichts mehr hinzufügen. »Manche haben uns ja vorgeworfen, wir hätten damals zu zögerlich reagiert, wir seien allzu ängstlich gewesen. Darauf mag ich nicht mehr antworten.«

Sein damaliger Außenminister Kurt Waldheim zum Regierungskurs in der ČSSR-Krise: »Erstens: eine klare Haltung gegen die sowjetische Invasion. Die haben wir zum Ausdruck gebracht – und praktisch geholfen, den Flüchtlingen etc. Der zweite Aspekt war genauso wichtig: die Sicherheit der österreichischen Bevölkerung zu schützen. Deshalb mussten unsere Überlegungen dahin gehen, den Russen zwar scharf entgegenzutreten, was die Invasion betraf – andererseits aber den Bogen nicht zu überspannen und keine russische Invasion in Österreich zu provozieren. Eine gewisse Zurückhaltung war notwendig, um den russischen Bären nicht zu reizen!«

Dagegen befürchteten die Sowjets, der Westen könnte zum Gegenschlag ausholen. Waldheim: »Wir erfuhren später, dass die Russen befürchtet haben, dass NATO-Truppen von Bayern nach Österreich in das Gebiet an der tschechischen Grenze vordringen – sich also auf österreichischem Territorium an die ČSSR-Grenze heranschieben. Sie haben befürchtet, dass dann aus dem ČSSR-Einsatz eine direkte Konfrontation mit der NATO entsteht.«

Deshalb wollten die Sowjets durch Luftaufklärung feststellen, ob sich NATO-Truppen auf österreichischem Boden befinden. Es gab insgesamt 49 Verletzungen des österreichischen Luftraumes durch sowjetische Militärmaschinen. Waldheim zitierte den Sowjetbotschafter zu sich, um zu protestieren. Dieser war drei Tage nicht erreichbar. Dann entschuldigte er sich damit, »die Piloten hätten wegen der dichten Bewölkung ihre genauen Positionen nicht sehen können«.

Im Gegenzug beschuldigte Moskau die österreichischen Medien, durch ihre Berichterstattung »die Konterrevolution in der ČSSR zu unterstützen«. Tatsächlich hatten der ORF unter Führung Gerd Bachers und die österreichischen Tageszeitungen die Welt mit Nachrichten versorgt – und weltweite Anerkennung erworben. Für viele ČSSR-Bürger wurde die Berichterstattung des ORF zur einzig verlässlichen Nachrichtenquelle. Helmut Zilk: »Wir haben ja in den 60er Jahren schon begonnen: Versuchen wir, über den Rundfunk Kontakt zu bekommen. Aber dann hat es eben diesen Backlash 1968 gegeben – wir [vom ORF] haben sofort die ›rote Karte‹ bekommen: kein Kontakt mehr mit dem tschechoslowakischen Rundfunk. Der damalige Fernsehdirektor musste fliehen, nach Italien.«

Die nächste Kritik handelte sich die österreichische Regierung in der ČSSR-Krise ein, als Innenminister Franz Soronics verfügte, dass ČSSR-Staatsbürgern vorerst kein Visum mehr ausgestellt wird. Soronics gab später an, ihm seien »gesicherte Meldungen« vorgelegen, wonach sich unter den Fluchtwilligen auch »Agenten und Saboteure« befänden, die Anschläge auf österreichische Flugplätze planten.

Der damalige Leiter der österreichischen Gesandtschaft in Prag, Rudolf Kirchschläger: »Es wurden damals [von den Sowjets,

Anm.] zehntausend Reisepässe in Prag beschlagnahmt. Daraufhin hat der deutsche Geheimdienst Angst gehabt, dass diese Passformulare als Legitimation für Soldaten verwendet werden könnten, um damit nach Deutschland oder Österreich zu kommen. Und das österreichische Innenministerium hat das geglaubt. Dass die sowjetische Armee mit tschechischen Pässen und mit Einreisegenehmigungen in Österreich einmarschiert – das ist eine wunderbare Filmgeschichte. Die Wirklichkeit schaut anders aus. Ich habe den Eindruck gehabt, die Regierung stand doch etwas stark unter dem Einfluss der jeweiligen Geheimdienste – des deutschen und des österreichischen.«

Kirchschläger erhielt aus Wien die Weisung, die Visa-Ausstellung an der Gesandtschaft zu stoppen. Eine Weisung, die in den 80er Jahren in der »Waldheim-Affäre« neu problematisiert wurde, man schrieb die Anordnung Waldheim zu. Tatsächlich hatte der Außenminister die Weisung des Innenministers nur instanzgemäß weitergeleitet, was Klaus, Waldheim und Soronics bestätigen.

Kirchschläger stellte täglich bis zu 5000 Visa aus. Er weigerte sich energisch, die Weisung des Innenministers zu befolgen: »Ich habe gesagt: ›Überlegen Sie das noch einmal – das widerspricht unserer humanitären Neutralitätspraxis! Eine ungeheure Enttäuschung für die Bevölkerung, die sich sehr mutig gegen die Invasion verhalten hat! Eine Aufrechterhaltung des Erlasses würde mich einem schweren Gewissenskonflikt aussetzen!«

Völlig unmöglich erschien es Kirchschläger, in Prag die Identität der Tausenden Visa-Antragsteller zu überprüfen. »Überprüfen, ob sich dahinter nicht sowjetische Soldaten verstecken? Unmöglich. Außerdem: Es wurde in Österreich kein einziger sowjetischer Soldat mit tschechischem Pass festgestellt!«

Solchen und anderen Geheimdienst- und Verschwörungstheorien, wie sie damals kursierten, erteilt Rudolf Kirchschläger eine klare Absage.[54] Wie sich später herausstellte, hielten die Sowjettruppen einen zehn Kilometer breiten Mindestabstand zur deutschen und österreichischen Grenze.

Was Kirchschläger bedrückte, war das Verhalten des Westens: »Im Grunde waren es zwei gleiche Ereignisse im Einflussbereich der Sowjetunion, die die Sowjetunion auch innerhalb ihres Bereiches erledigen wollte. In Ungarn hat der Westen zwar nicht offiziell, sondern über ›Radio Free Europe‹ erklärt, er würde den Ungarn ja so gerne helfen, aber das neutrale Österreich steht dazwischen. Im Jahr 1968 ist der amerikanische Botschafter schon drei Monate vorher herumgegangen und hat mit vorgehaltener Hand gesagt: Wenn die Sowjets einmarschieren, betrachten wir das als Vorgang innerhalb des sowjetischen Lagers. Wir beabsichtigen nicht, militärisch einzuschreiten.«

Für Österreich im Kalten Krieg stellte sich die Frage, wie die Ungarn-Krise 1956 und die ČSSR-Krise 1968 für Österreichs Neutralitätsposition zu bewerten war.

Exgeneral Albert Bach unterteilt die Bedrohungsbilder in drei Kategorien: in den Krisen-, den Neutralitäts- und den Souveränitätsfall. Die Ungarn-Krise bewertet Bach als Krisenfall, wenn auch an der Grenze zum Neutralitätsfall. Die ČSSR-Krise zwölf Jahre später wertet er »eindeutig als Krisenfall. Ungarn 1956 kam wie ein Blitz aus heiterem Himmel. Die tschechische Krise hat sich ja schon abgezeichnet. 1956 war das Bundesheer praktisch noch kaum existent – 1968 dagegen sehr wohl.«

Für Waldheim steht fest: »Die Prager Krise war ein Krisenfall – wenn auch ein ernster. Unsere Position war klar: Unsere Neutralität war rein militärisch, sie war keinesfalls eine ideologische.«

Die Österreicher demonstrierten erneut wie 1956 uneingeschränkte Hilfsbereitschaft. Rudolf Kirchschläger: »In beiden Krisenfällen hat sich die österreichische Bevölkerung großartig benommen.« Von 21. August bis zum 23. Oktober 1968 reisten rund 96 000 tschechoslowakische Staatsbürger nach Österreich ein. 66 000 warteten auf Urlaub in Österreich die Entwicklung ab. Binnen kurzer Zeit kehrten 129 000 wieder in ihre Heimat zurück. Der Rest wanderte in andere Länder weiter, nur rund zehn Prozent blieben in Österreich.

Der Eiserne Vorhang an der Nordgrenze Österreichs aber wurde nach der ČSSR-Krise noch undurchdringlicher – mit seinem Todesstreifen blieb er bis zum Fall des Eisernen Vorhangs 1989 Österreichs gefährlichste Ostgrenze.

Nach Niederschlagung des Prager Frühlings blieb dem Ostblock keine Möglichkeit mehr, die KP-Herrschaft in ihren

Grundlagen zu erneuern. Die Erstarrung des Breschnew-Regimes hatte hier ihre Wurzeln. Doppelte Ironie der Geschichte: Letztlich war es ein Kommunismus mit menschlichem Antlitz, den Gorbatschow im Sinne hatte, als er die Sowjetunion erneuern wollte.

Helmut Zilk: »Kreisky hat Recht gehabt, er hat gesagt: ›Das ist nichts, der Kommunismus mit dem menschlichen Antlitz. Das funktioniert nicht. Das ist eine Chimäre!‹«

Der Hauptverantwortliche für die ČSSR-Invasion, Leonid Breschnew, erhob am 12. November 1968 in Warschau die Intervention in der ČSSR zum Prinzip. Breschnews Doktrin: Die Souveränität der sozialistischen Staaten sei begrenzt und dürfe »den Interessen des internationalen Sozialismus« nicht zuwiderlaufen. Mit der »Breschnew-Doktrin« erstarrte das kommunistische Bündnis zum unreformierbaren Ostblock.

Die Ära der Entspannung

35 Staats- und Regierungschefs nahmen in der finnischen Hauptstadt Helsinki am 1. August 1975, kurz nach 17 Uhr, in der Finlandia-Halle Platz. Ganze 17 Minuten dauerte es, bis alle 35 ihre Unterschrift geleistet hatten. Für Österreich unterzeichnete Bundeskanzler Bruno Kreisky – in prominenter Gesellschaft: Gemäß Protokoll kam der Österreicher nach Helmut Schmidt, Erich Honecker, Gerald Ford an die Reihe. Sie besiegelten ein Dokument, das als Schlussakte der »Konferenz über Sicherheit und Zusammenarbeit in Europa«, kurz KSZE (die spätere OSZE), in die Geschichte des Kalten Kriegs einging.
Die Politprominenz bemühte sich redlich, in Helsinki repräsentativ zu erscheinen. Doch hinter den Kulissen war der Gipfelreigen alles andere als beeindruckend.
Ludwig Steiner, lange Jahre mit der Koordination der österreichischen KSZE-Diplomatie befasst, über seinen Eindruck vom Helsinki-Gipfel 1975: »Die Szenerie war unfassbar: Breschnew – schon angeschlagen. Tito – nur einige halbe Stunden lang konzentrationsfähig. Da waren Kreisky, [Außenminister] Bielka und ich bei Tito: Nach einer halben Stunde war mit ihm nichts mehr zu machen. Der war geschminkt und hergerichtet, furchtbar! Dieser Gipfel war gespenstisch!«
Dabei markierte der KSZE-Gipfel von Helsinki den Höhepunkt der Entspannungspolitik. Ost und West schrieben erstmals zwei Grundwerte der Politik in Europa feierlich fest:
Moskau ließ die souveräne Gleichheit aller Staaten und die Integrität der Grenzen in Europa besiegeln – Veränderungen der Grenzen sind künftig nur auf dem Verhandlungsweg möglich.
Der Westen rang dem Ostblock das Bekenntnis ab, die Behandlung von humanitären und Menschenrechtsfragen sei interna-

In prominenter Nachbarschaft: Österreichs Bundeskanzler Bruno Kreisky unterzeichnet nach Helmut Schmidt, Erich Honecker und Gerald Ford die KSZE-Schlussakte von Helsinki 1975

tionales Prinzip und keine Einmischung in die inneren Angelegenheiten eines Staates.

Für Österreich war der KSZE-Gipfel ein Höhepunkt der Wiener Diplomatie: Österreich war in der Gruppe der Neutralen und Blockfreien zu einem KSZE-Wortführer geworden. Ohne die Chefdiplomaten Liebermann und Ceska »würde es keine KSZE geben. Die KSZE-Phase war die große Zeit der österreichischen Außenpolitik«, meint Willibald Pahr, ehemaliger Außenminister.

Ein Dreierteam trieb die Entspannungspolitik besonders voran: die Troika der Sozialistischen Internationale (SI), Willy Brandt, Olof Palme und Bruno Kreisky. Ihre Motive formuliert Rudolf Kirchschläger: »Die tschechoslowakische Invasion 1968 hat gezeigt, wie nahe wir doch alle an einem Krieg stehen – und welch ungeheures Waffenpotenzial in Mitteleuropa auf beiden Seiten lagert. Deshalb haben Kreisky, Palme und Brandt, aber auch Kissinger in den USA nach Möglichkeiten Ausschau gehalten, eine Entspannung samt Abrüstungskonferenz in Gang zu setzen. Dann haben sich die Großmächte in den Entspannungsprozess mit eingeschaltet.«

Kreiskys Leitlinien für Österreich schildert einer seiner politischen »Ziehsöhne«, der ehemalige Außenminister und Wiener Bürgermeister Leopold Gratz: »Kreisky hat unsere Situation so ausgedrückt: ›Wir sind an einer Stelle Europas, wo wir nicht wie ein Boot in einem Hafen die Anker lichten und woanders hinfahren können, wenn uns die Nachbarn nicht passen. Wir müssen schauen, dass wir, ohne Konzessionen zu machen, eine möglichst friedliche Grenze und möglichst korrekte Beziehungen mit ihnen haben.‹«

Für Kreiskys späteren Außenminister Willibald Pahr beschleunigte sich damit ein vorhandener Kurs: »Den Prozess der langsamen Loslösung von den Staatsvertragsmächten – hin zu einer starken Betonung der Nachbarschaftspolitik.«

Einiges an diesem Kurs war bereits von Kreiskys Amtsvorgänger Josef Klaus in Gang gebracht worden: Er war zu ähnlichen Analysen über Österreichs Rolle in Zentraleuropa gekommen. Klaus im Rückblick: »Ich habe eben versucht, Samen zu säen und die Erde aufzulockern – das hat es eben mit sich gebracht, dass manche Samen erst später [in der Kreisky-Ära, Anm.] aufgegangen sind.«

Für Klaus galt: »Mein Grundsatz war und ist: Man kann nicht jedes Jahrzehnt einen Staatsvertrag abschließen – man kann nicht jedes Jahrzehnt einen Eisernen Vorhang niederreißen.« Dafür konzentrierte sich Klaus als Bundeskanzler auf drei Schwerpunkte: Nachbarschaftspolitik, Europaintegration und Aufwertung Wiens als UNO-Standort.

Für diesen Nachbarschaftskurs musste sich Klaus ausgerechnet von SPÖ-Seite den »Vorwurf der Ostanfälligkeit« gefallen lassen: »Tatsächlich hatte ich immer eine gewisse Liebe zu den Nachbarn Österreichs.« Zur Europapolitik der Russen meint Klaus: »Die waren ja alle süchtig nach Europa!«

Mit diesem Kurs verteidigte Klaus gegenüber Moskau auch eine Europaintegration Österreichs: »Ich habe den Sowjets immer

Schrieb Entspannungs-Geschichte: Sozialistische-Internationale-Troika Olof Palme, Bruno Kreisky und Willy Brandt

und immer wieder gesagt: ›Wir gehören nach Europa!‹ Aber von ihnen musste ja immer alles relativiert werden. Manchmal kam der sowjetische Botschafter zu mir und verkündete: ›Tod der EWG!‹ – und hat dabei gelacht!«

Auch für den dritten außenpolitischen Schwerpunkt säte Klaus »Samen, die erst später aufgingen«: für die Aufwertung Wiens als UNO-Sitz. Klaus: »Wir haben uns ganz gezielt um Verlegung von UNO-Organisationen nach Wien beworben, angefangen mit der UNIDO. Die Pläne für die UNO-City waren damals schon fertig. Wir waren alle dafür! Es gab nur einen Fehler: Dass das Konferenzzentrum abgelehnt wurde – es war in den Plänen schon enthalten.«

Rudolf Kirchschläger dazu: »Unser Bemühen zur Sicherung unserer Unabhängigkeit war, möglichst viele internationale

Konferenzen nach Österreich zu bekommen. Deswegen auch der Ausbau des Konferenzzentrums: von der Regierung Klaus beschlossen, von der Regierung Kreisky durchgeführt – und stark umkämpft mit Volksbegehren.«

Wiens Altbürgermeister Helmut Zilk streut Klaus, Kreisky, aber auch Waldheim Komplimente: »Wien als Stätte der Begegnung, als UNO-Stadt wurde immer wichtiger. Es gibt viele UNO-Sitze auf der Welt, aber nur drei UNO-Hauptstädte. Das verdanken wir der klaren Einschätzung des Waldheim. Vor allem als es um das Konferenzzentrum ging. Die UNO-City hätte nie Bestand gehabt, wenn wir nicht die Lokalisation dazugebaut hätten – gegen den Willen der Bevölkerung.«

Nach dem Schock über die ČSSR-Ereignisse »war Europa daran interessiert, über dieses Negative schnell hinwegzukommen«, meint Pahr und zitiert eine Konstante seines Amtsvorgängers Kirchschläger: »Um Frieden und Sicherheit für ein Land zu garantieren, muss man in erster Linie versuchen, mit seinen Nachbarn gut auszukommen.«

Das führte unter Kreiskys Außenministern Kirchschläger, Bielka und Pahr zur Neupositionierung Österreichs in Europa. Pahr: »Da begann bis in die zweite Hälfte der 70er Jahre eine Änderung unserer Politik. Weg von der Fixierung auf gute Beziehungen zu den Staatsvertragsmächten – hin zu einer ›Politik der drei Kreise‹: Der erste Kreis waren die unmittelbaren Nachbarstaaten. Der zweite Kreis war Europa und die Teilnahme an der europäischen Integration. Der dritte Kreis war der Rest der Welt, auch den haben wir betont: Denn es spielte eine große Rolle, dass 1938 dieses Österreich von der Landkarte verschwunden ist, ohne dass dies – sieht man vom Protest Mexikos im Völkerbund ab – irgendjemanden bewegt hätte. Zum dritten Kreis zählte auch die Ansiedlung internationaler Organisationen in Wien.«

An der Normalisierung war nach der ČSSR-Invasion auch die Sowjetunion überaus interessiert. Pahr: »Sie hatte nach der Eiszeit, die auf 1968 folgte, großes Interesse, möglichst schnell wieder zu einer Normalisierung der Beziehungen zu kommen. Von Westeuropa wurde das gern aufgegriffen – die USA waren viel reservierter.«

Es war eine Kette von Ereignissen, die diese Eiszeit überwand:

*Amtswechsel am Ballhausplatz: Bruno Kreisky löst im März
1970 Josef Klaus als Bundeskanzler ab*

die Ostverträge des deutschen SPD-Kanzlers Willy Brandt, als
Höhepunkt die Anerkennung der Oder-Neiße-Grenze und der
Kniefall Brandts im Warschauer Ghetto 1970.
Die neue Krise zwischen der Sowjetunion und China, die
Grenzkämpfe am Ussurifluss im März 1969 machten Moskau
bereit für eine Entlastung in Europa.
Dazu kamen Ereignisse im Westen: Die Verstrickung der USA
in den Vietnam-Krieg. Aber auch die Revolte der europäischen
Jugend ab 1968. In der USA bestimmte Henry Kissingers
Gleichgewichtsdenken die Außenpolitik – was zur Reise
Nixons 1972 nach China (Besuch bei Mao) und zur Unter-
zeichnung des ersten SALT-Abrüstungsvertrages mit Bresch-
new in Moskau führte. Dann versank Nixon im Watergate-
Strudel. Am 8. August 1974 musste er abdanken.
All diese Entwicklungen wurden in Wien sensibel registriert.
Fred Sinowatz: »Das Bedürfnis, mit den Nachbarn im Osten
ein normaleres Verhältnis zu schaffen, war von Kreisky strate-
gisch betrachtet mehr als nur unmittelbare Nachbarschaftspoli-

tik. Es war Teil eines Versuches, in Europa eine weiter gehende Entspannungspolitik zu realisieren.«

Österreichs Politiker wurden nun bei ihren Ostblock-Kontakten zu Advokaten für humanitäre Anliegen. Rudolf Kirchschläger: »Österreich hatte in der Ära der Entspannung zwei Ziele: erstens ein Aufweichen der Grenzen und zweitens humanitäre Anliegen. Ich kann mich an keinen Kontakt mit einem der Oststaaten erinnern, weder als Außenminister noch als Bundespräsident, wo ich nicht eine Liste mit humanitären Härtefällen geltend gemacht hätte. Es hat Staatsbesuche gegeben, wo ich eine Liste mit 160 bis 200 Leuten mitgehabt habe. Alle wurden nicht gelöst, aber 20, 30 – weil die Gegenseite eine Geste machen wollte.«

Dies wird von den Exaußenministern Gratz, Pahr und Lanc bestätigt. Gratz: »Kreisky hat damals gesagt, man solle dem Kommunismus so viele menschliche Züge wie möglich geben. Bei allen Besuchen hat Bruno Kreisky ein Riesenliste mitgehabt. Auch ich habe immer eine Liste von Härtefällen mitgehabt, oft gleich von 150 Leuten.«

Exkanzler Sinowatz: »Es sind ja auch viele Dinge über uns gelaufen: Wünsche westlicher Regierungschefs nach Osten – aber auch vom Osten an den Westen. Nicht unbedingt Vermittlertätigkeit, aber Möglichkeit für gegenseitige Information. Wir waren halt durch die Nähe besser informiert über den Osten als die westlichen Länder.«

Ein Sonderfall war die Sehnsucht des DDR-Regimes nach Aufwertung. Erhard Busek: »Die DDR hat die Philosophie vom ›dritten deutschen Staat‹ gebraucht: Österreich als dritter deutscher Staat – das hat inkludiert, dass die DDR der zweite deutsche Staat ist. Das hat auf der Wirtschaftsseite mitgespielt – und wurde von uns ziemlich schamlos ausgenutzt.«

Nach dem Fall des Eisernen Vorhangs 1989 stellte sich eine grundsätzliche Frage: Hat der Westen mit seinen Ostgeschäften – etwa Westdeutschland mit seinen DDR-Krediten, Österreich mit den Ostgeschäften – den Bankrott der KP-Regime nur hinausgezögert?

Was Österreich betrifft, bestreiten dies die Entscheidungsträger spontan. Kirchschläger: »Dieser Vorwurf ist unbegründet. Wir

suchen ja alle nach Expansion der Wirtschaft. Diese Geschäftsbeziehungen waren eben auch Teil der friedlichen Koexistenz.«
Fred Sinowatz: »Diese Geschäfte halte ich für ausgesprochen berechtigt. Es hat ja nicht nur die Verstaatlichte Industrie diese Kontakte genutzt. Es waren auch andere: etwa eine Schuhfabrik mit Massenschuhen, die im Westen nicht mehr stark gefragt waren – die hat dann jahrelang in die DDR geliefert.«
Kritisch sieht Erhard Busek das Thema Ostgeschäfte: »Es war zunächst der Versuch der Verstaatlichten Industrie, Geschäfte zu machen und Arbeitsplätze zu sichern. Da war es für den Typus der Verstaatlichten Industrie leichter, mit den Ostblockleuten zu reden als auf westlichen Märkten aufzutreten. Wir haben zu den Strukturproblemen der Länder beigetragen: Wir haben große Stahlwerke verkauft, große Sachen. Wobei wir sie eigentlich selber bezahlt haben – durch Kontrollbank und Ähnliches.«
Hart geht Ludwig Steiner mit den Ostgeschäften ins Gericht: »Ich habe 1979 die Einberufung des Außenpolitischen Rates verlangt. Ich wollte wissen, wie viel Polen Österreich schuldet und wie die Kredite wieder hereinzubringen sind. Kreisky hat mir damals gesagt: ›Du willst Polen vernichten!‹ Hab ich ihm gesagt: ›Ich will Polen nicht vernichten – ich möchte wissen: Machen wir eine Hilfsaktion? Oder machen wir ein Geschäft? Ich behaupte, wir machen Verluste!‹ Worauf Kreisky gesagt hat: ›Sie zahlen ja die Zinsen!‹ Hab ich geantwortet: ›Vor acht Tagen haben sie einen Kredit aufgenommen für die Zinsen!‹ Darauf Kreisky: ›Siehst du – und in zehn, fünfzehn Jahren spielen Zahlen keine Rolle mehr.‹ Dann hat Kreisky argumentiert, die Sowjetunion würde niemals zulassen, dass ein Land wie Polen Bankrott geht. Er hat immer gesagt: ›Die Sowjets sind die besten Schuldner, eine solide Adresse, so etwas bricht niemals zusammen.‹ Ich mache der Person Kreisky keinen Vorwurf – das war damals gültige Lehrmeinung, daran hat niemand gezweifelt!« Heute stellt sich die Frage, »ob durch diese Öffnung das sowjetische System nicht mit Hilfe des Westens verlängert wurde. Ein Aspekt, den man sich zumindest überlegen sollte.«
Dabei war für Kremlchef Breschnew der Staatsakt der KSZE-Schlussakte 1975 in Helsinki nur noch eine Art »Draufgabe«.

Ludwig Steiner: »Die Sowjets haben diese KSZE zum großen Ziel hochstilisiert – aber in der Zwischenzeit kam Willy Brandt mit den Ostverträgen. Die Sowjets haben eigentlich ihr Ziel schon erreicht. Was später folgte, war ihnen lästig.«

Dazu kam die unverhohlene Skepsis der Amerikaner über KSZE und Entspannungspolitik. Leopold Gratz: »Zuerst war der ganze Westen dagegen. Kreisky, der ja viele der Regierungschefs und Außenminister kannte, hat immer argumentiert: ›Kinder, wovor haben wir Angst? Hat der Westen Angst vor ideologischer Unterwanderung? Haben wir Angst vor Reiseerleichterungen und freiem Gedankenaustausch?!‹ Es hat lange gedauert, bis diese Argumente wirksam wurden.«

Willibald Pahr: »Die amerikanische Seite blieb skeptisch – vom Anfang bis zum Ende. Sogar bei der KSZE-Folgekonferenz in Madrid [1980 bis 1983] waren die Sowjets nicht sehr kooperativ – aber die, die den Bruch suchten, waren die Amerikaner. Nur unter europäischem Druck haben sie mitgespielt.« Pahr ist eine Bemerkung in Erinnerung geblieben, die der US-Kurzzeit-Außenminister Edmund Muskie (1980/81) in Wien machte: »Muskie hat mit erhobenem Zeigefinger gesagt: ›Ihr Neutralen – ihr seid so wie die, die zuschauen, wenn einer ermordet wird, und nichts dagegen tun!‹«

Bei den Europäern machte sich am Höhepunkt der Entspannungsphase die Auffassung breit, die Spaltung Europas könne nur ganz langfristig überwunden werden. Pahr: »Österreich und viele andere haben gesagt: Mit Gewalt die Sowjetunion oder das Sowjetimperium aufzulösen – das geht nicht. Einen Krieg wollen wir nicht. Aber das soll nicht auf Dauer sein: Durch intensive Beziehungen mit Osteuropa muss es gelingen, dort von innen her eine Evolution herbeizuführen. Wir haben in Jahrzehnten gedacht.«

Erhard Busek kritisiert: »Die SPÖ eines Heinz Fischer hat geglaubt, dass die kommunistischen Parteien sich so langsam in eine Art linke Sozialdemokratie hinübertransferieren – und dass quasi ein ›dritter Weg‹ möglich wird.«

Gratz sieht sich durch die Wende 1989 bestätigt: »Revolutionen finden nie statt, wenn die Unterdrückung am stärksten ist. Revolutionen finden immer dann statt, wenn das erste Zipferl gelockert wird. Das war bei der Französischen Revolution so, bei der Russischen Revolution – und auch im Zusammenbruch der KP-Regime. Nur das Lockern des ersten Zipfels der Decke kann den Aufbruch bewirken!«

Also meinte man, ein zweiter Supermächte-Gipfel in Wien könne diesen Entspannungsprozess weiter beschleunigen. Dass der SALT-Abrüstungsgipfel Breschnew – Carter vom 15. bis 17. Juni 1979 in Wien aber der Auftakt zu einer neuen Eiszeit im Kalten Krieg werden sollte, ahnte kaum jemand.

Die Agonie der Breschnew-Ära

Montagmittag, der 18. Juni 1979. Im Redoutensaal der Wiener Hofburg treten die zwei mächtigsten Männer der Welt vor die Presse: Leonid Breschnew und Jimmy Carter.

Sie feiern den Abschluss des SALT-II-Vertrags zur Begrenzung der strategischen Atomrüstung. Sie schütteln einander die Hände – da unterläuft Jimmy Carter ein Lapsus: Spontan umarmt er Breschnew zum Bruderkuss. Eine Geste, die bisher nur unter KP-Machthabern üblich war. Die Amerikaner in der Wiener Hofburg sind geschockt.

»Wien: SALT-Vertrag wurde mit Bruderkuss besiegelt«: Wie der »KURIER« titelt die gesamte Weltpresse. Carter glaubt zwar, er hätte in Wien ein achtbares Gipfelresultat erzielt. Doch zu Hause fallen die Kritiker in Scharen über ihn her.

Auch der zweite Gipfel der Supermächte in Wien wurde zum Fehlschlag. Kennedy und Chruschtschow 1961 wegen ihrer gegenseitigen Fehleinschätzung. Breschnew und Carter 1979: wegen der Krankheit des Russen und der Illusionen des Amerikaners.

Dabei lenkte der Bruderkuss vom wahren Problem ab: Das wirklich Schockierende dieses Wiener Gipfels war der Gesundheitszustand Leonid Breschnews. In Wien wurde offenkundig, dass der mächtigste Mann im Kreml kaum fähig war, einer kurzen Konversation zu folgen. Wie sollte er eine Supermacht führen? Breschnew litt an Arteriosklerose, an Missbrauch von Alkohol und Beruhigungsmitteln.

Einen besonderen Einblick in die Verfassung der beiden Staatsmänner erhielten die österreichischen Gastgeber. Selbst zwei Jahrzehnte später sind die damaligen Augenzeugen noch entsetzt, wie unansprechbar Breschnew gewesen war. Rudolf

Bruderkuss in der Wiener Hofburg: US-Präsident Jimmy Carter
und Kremlchef Leonid Breschnew am Ende des SALT-Gipfels

Kirchschläger erinnert sich mit Schaudern: »Ich habe damals große Sorge in mir gefühlt – und auch mit Kreisky darüber gesprochen, dass die Sowjetunion in ihrem weiteren Weg vorerst einmal völlig unberechenbar ist.

Denn Breschnew war so krank, dass er wirklich nicht gewusst hat, was er gerade tut. Es war offensichtlich, dass er keine klaren Entscheidungen treffen konnte. Das ging vom Abschreiten der Ehrenkompanie, wo er auf einmal nicht wusste, wo sie steht, bis zu den Gesprächen, wo er nur Zettel verlesen hat. Er war damals sehr, sehr krank!«

Die Österreicher waren entsetzt über Breschnew – und enttäuscht von der Ignoranz Carters. Kirchschläger: »Ich wollte die bisherige Übung der Bundespräsidenten durchbrechen, dass sie nach Amtsantritt sofort der Einladung der Sowjetunion zum

Freundschaftsbesuch Folge leisten. Deswegen habe ich gesagt: Zuerst nach Amerika! Aber Jimmy Carter war so fern von der Politik, dass er das nicht verstanden hat. Ich habe gehofft, dass er mir dann zu diesem Gipfeltreffen mit Breschnew eine Einladung mitbringt. Der Breschnew hat natürlich wieder eine Einladung nach Moskau mitgebracht – aber der Carter keine nach Washington. Das waren keine großen Dinge – aber sie zeigen doch eine gewisse Tendenz!«

Dem stimmt Pahr zu: »Das lag halt zum Teil an der Person des Jimmy Carter. Aber die Amerikaner sind immer von sich so eingenommen gewesen, dass dieses Österreich für sie eigentlich uninteressant war. Besonders den Kreisky haben sie sehr skeptisch betrachtet!«

Solche Details wurden in Österreich mit Sensibilität registriert – gerade in dem Kleinstaat, der mitten in der Reibungszone der Ost-West-Konfrontation lag. Leopold Gratz, beim SALT-Gipfel Bürgermeister von Wien: »Gerade am Beispiel Österreichs hat man sofort eine Verschärfung der Spannungen zwischen den Großmächten registriert. Wenn sich die Spannungen steigerten, war auf einmal der Versuch da, Österreich auf die eine oder andere Seite zu ziehen. Als die Sowjetunion etwa unbedingt wollte, dass Kreisky in die Kampagne gegen die Neutronenbombe einsteigt, hat er nur drauf gesagt: ›Ich fürcht mich schon vor der normalen Atombombe genug!‹«

Dabei hatte schon zwei Jahre vor dem Wiener Gipfel die Entspannungspolitik Schaden genommen: als die Sowjetunion 1977 ihre Mittelstreckenraketen in Osteuropa modernisierte. Der Westen zog mit dem »NATO-Doppelbeschluss« nach: Stationierung von Pershing-II und »Cruise Missiles«, gleichzeitig Verhandlungsbereitschaft mit Moskau.

Der neue Rüstungswettlauf führte in Westeuropa zu Massenprotesten – die »Friedensbewegung« erhielt gewaltigen Zulauf. Kernargument der NATO-Gegner: Die Bedrohung Westeuropas durch den Ostblock sei nicht mehr so groß, dass sie die Gegenrüstung rechtfertige. Die Befürworter der Nachrüstung warfen den Friedensbewegten Antiamerikanismus, Blauäugigkeit, Kommunismusnähe vor.

Dann lieferte ihnen Moskau selbst das Argument. Nach Macht-

Entsetzt über den Zustand von Kremlchef Breschnew:
Gipfel-Gastgeber Rudolf Kirchschläger

kämpfen in Kabul entschloss sich im Dezember 1979 die Kreml-
lführung zur Militärintervention. Der Einmarsch in Afghanistan markierte den Schlusspunkt der Entspannungsära – es
folgte eine neue Eiszeit im Ost-West-Verhältnis.
Außerdem wurde nun wirksam, wozu sich die Ostblockregime
in Helsinki 1975 feierlich bereit erklärt hatten: die KSZE-Be-
stimmungen im so genannten »Korb 3« über Menschenrechte
und Grundfreiheiten zeigten Sprengwirkung.
Bürgerrechtsgruppen und Regimekritiker wurden unter Berufung auf KSZE-Grundsätze in Osteuropa aktiv – »Helsinki-
Komitees«, Dissidentenbewegungen. Sie fanden in Wien ein
Tor zur westlichen Welt. Willibald Pahr: »Erstens haben sich
diese Gruppen durchwegs auf die KSZE berufen. Dann haben
wir ja immer Kontakte mit ihnen gesucht und gefunden. All das
hat seine Wurzeln in der KSZE-Schlussakte.«
In Prag konstituiert sich die Gruppe »Charta 77« – benannt

nach dem Manifest, das 242 Intellektuelle im Jänner 1977 unter Berufung auf die KSZE unterzeichnen.

In Polen überlagern einander zwei Entwicklungen: Im Jahre 1978 war erstmals kein Italiener, sondern ein Pole zum Papst gewählt worden. Der Wiener Erzbischof Kardinal König war einer der »Papstmacher«. Die Sprengkraft für das kommunistisch regierte, aber zutiefst katholische Polen war schon beim ersten Heimatbesuch von Johannes Paul II. im Juni 1979 weltweit sichtbar. Kardinal König: »Es ging darum, diesem Land Polen, das so mittendrin und Nachbar Russlands ist, zu vermitteln: ›Seid eurer Sache sicher! Als katholische Kirche müssen wir uns behaupten, dürfen uns nicht einschüchtern lassen, müssen noch mehr als bisher zeigen: Wir sind da – und haben keine Angst!‹«

Ein zweites Ereignis prägt Polen: Mitten in einer schweren Wirtschaftskrise muss Polens Führung im Juli 1980 die Fleischpreise verdoppeln. Dies löst eine Streikwelle aus. In Danzig entsteht aus der Streikbewegung die »Solidarnosc« (Solidarität) mit Arbeiterführer Lech Walesa an der Spitze. Als das KP-Machtmonopol wankt, verhängt General Jaruzelski im Dezember 1981 das Kriegsrecht. Doch Walesa und seine »Solidarität« sind nicht mehr mundtot zu machen – im April 1989 muss die »Solidarnosc« wieder zugelassen werden.

Der österreichische Politiker, der sich am massivsten für die Bürgerrechtsgruppen Osteuropas einsetzte, war der Wiener Vizebürgermeister und Vizekanzler Erhard Busek. Über seine Kontakte zu Polen: »Ich bin Ende der 70er Jahre durch meinen Freund aufmerksam gemacht worden, dass sich in Polen etwas tun wird. Auf dieser Schiene bin ich dann gefahren. Ab Polen habe ich eine Systematik daraus gemacht – mit Ungarn, Slowenien, Serbien. Wobei sich in Serbien am meisten getan hat damals in puncto Demokratiebewegung. Die DDR haben wir probiert – sind aber gescheitert.«

In Polen aktivierte Erhard Busek Kirchenkontakte: »Ich habe dort durchaus die katholische Szene genützt und bin zum Teil auf der Kirchenschiene gefahren. Das war unverdächtiger. Das habe ich auch im Einverständnis mit Kardinal König unternommen, der mir auch Hinweise gab und froh gewesen wäre, wenn sich mehr Leute engagiert hätten.«

Neben Polen bestanden zur »Charta 77« in der Tschechoslowakei besondere Beziehungen. Erhard Busek kam sehr früh in Kontakt mit der Prager Szene: »Ich bin im Jahr 1968 durch einen Zufall wenige Tage vor dem Einmarsch der Warschauer-Pakt-Truppen in Prag gewesen und habe diese verzweifelten Aktionen noch erlebt, wie arm die Leute waren ... Später haben wir Kontakte mit jungen Akademikern in Prag aufgenommen. Ich hatte das Glück, dass das alles Leute waren, die im Prager Frühling und bei der Charta 77 engagiert waren.« Busek musste die ganze Palette der Schikanen des KP-Regimes über sich ergehen lassen: »Ich bin genau observiert worden. Ich musste mich sogar einmal nackt ausziehen, Leibesvisitation – damals war ich noch Wiener Vizebürgermeister.«

Bruno Kreisky war bekannt für seine unverblümten Reden bei Reisen in den Ostblock. Leopold Gratz: »Kreisky hat bei jeder Gelegenheit, wenn er nach Ungarn gefahren ist, dort über den Eisernen Vorhang geredet. So lange, bis es denen auf die Nerven gegangen ist! Aber für die Ungarn war ein Kreisky-Besuch eine wichtige Aufwertung. Kreisky hat in Budapest die Ungarn nicht umschmeichelt, sondern hat einfach gesagt, was zu friedlichen Beziehungen dazugehört: Dass man Leute nicht erschießt an der Grenze, dass an den Grenzen keine Minen hochgehen dürfen etc. Ohne die Ungarn zu beleidigen, hat er ihnen gesagt, dass wir Österreicher halt die diametral entgegengesetzte Meinung zum Kommunismus haben. Als Nächstes war er in Polen – da ist Ähnliches passiert.«

Auch Erhard Busek zollt Anerkennung: »Hinsichtlich der Dissidenten möchte ich dem Kreisky ein gutes Zeugnis ausstellen. Allem, was nachher kam, eher nicht.« Ganz besonders kritisiert Busek auch heute noch »die Feigheit des Vranitzky, Havel [bei Vranitzkys Besuch in Prag] nicht zu empfangen. Das ist heute noch dem Havel im Gedächtnis.«

Vranitzky verteidigt sich energisch: »Mein erster größerer offizieller Besuch als Bundeskanzler [25. bis 27. Juni 1988] war in der Zeit, in der Lubomir Strougal Ministerpräsident war. Bei diesem Besuch habe ich auch mit Havel Kontakt aufgenommen. Es kam nur nicht zum geplanten Treffen, weil mich in letzter Minute Kardinal Tomášek gebeten hat, ihn zu besuchen. Ich habe dann meine Delegation zu Havel geschickt und ich bin zu Tomášek.«

Ein besonderes Erlebnis hatte Leopold Gratz, der als erster westlicher Außenminister nach Verhängung des Kriegsrechts Polen besuchte – und dafür heftig kritisiert wurde: »Ich habe mit Jaruzelski ein langes Gespräch unter vier Augen geführt. Er hat mir sehr glaubhaft gesagt, dass er nach wie vor überzeugt ist, das Land durch die Ausrufung der Militärregierung vor einem russischen Einmarsch gerettet zu haben.

Dann hat mir Jaruzelski persönlich gesagt: ›Sie glauben doch nicht wirklich, dass ich emotional mit einem Land verbunden bin, das meinen Vater nach Sibirien geschickt hat!‹ Das hat er mir unter vier Augen gesagt!

Nach meiner Rückkehr habe ich sofort den [deutschen Außenminister] Genscher angerufen und ihm gesagt: ›Mach deinen Einfluss geltend, dass man diese Blockade gegen Polen aufhebt.‹ Ich weiß zwar nicht, ob ich damals dazu beigetragen habe – aber es ist dann diese Ablehnungsfront gegen Jaruzelskis Militärregime doch gelockert worden.«

Auch Karl Blecha, Innenminister in der Kreisky-Ära, unterhielt Kontakte zur tschechoslowakischen Bürgerrechts-Szene: »Ich war damals befreundet mit Charta-77-Leuten – Kohout, Mlynař. Es hat sich die tschechoslowakische Botschaft mehrmals daran gestoßen, dass ich als amtierender Innenminister einem Solidaritätskomitee für tschechoslowakische Menschenrechte angehört habe.«

Eine Organisation in Österreich war dagegen darauf bedacht, nur offizielle Kontakte zu unterhalten – was ihr bis heute Kritik einbringt: der ÖGB. Besonders was die freie Gewerkschaft »Solidarität« in Polen betraf, akzeptierte die ÖGB-Führung eher die offizielle Gewerkschaft als Gesprächspartner. Busek übt herbe Kritik: »Ein Argument hat Benya damals deutlich gesagt: ›Eine Gewerkschaft kann nicht katholisch sein!‹ Ich kann mich gut erinnern. Von der Gewerkschaft war da keine Unterstützung da, auch nicht in anderen Ländern. Was schade ist, weil es dazu führte, dass die Gewerkschaftsbewegungen nach der Wende 1989 in Osteuropa alle recht schwach ausgeschaut haben.«

Anton Benya, damals ÖGB-Chef, verteidigt seine damalige

Haltung: »Wir hatten die ersten Kontakte nach Polen lange vor der ›Solidarität‹. Ich habe die ›Solidarnosc‹ nicht als echte Gewerkschaft empfunden. Das war so ein ›Mischvolk‹, mehr oder weniger eine politische Bewegung, keine reine Gewerkschaftsbewegung. Obwohl sie durch Streiks sehr viel bewegt hat.« Der Kritik hält Benya entgegen: »Die polnische KP war eigentlich schon im Umbruch in Richtung sozialdemokratisches System. Nur war das nicht von heute auf morgen zu machen. Aber bei den [KP-]Funktionären, mit denen wir Kontakt hatten, war das Bemühen vorhanden, sich in ein westliches System einzurichten. Da haben wir Angst gehabt, man stört das. Wir hatten das Gefühl, dass es günstiger ist, wenn man das System von innen aufrollt.«
Die KP-Regime reagierten auf die Bürgerrechtsbewegungen mit brutalsten Polizeistaatsmethoden. Erhard Busek: »Leider ist die Vergesslichkeit der Demokratie gegenüber den Leuten, die damals für die Demokratie gekämpft haben, ungeheuer groß! Dabei sind tragische Schicksale darunter – die Menschen haben damals sehr gelitten! Die Zahl der Alkoholiker, Nervenkranken und dergleichen, die ich unter Dissidenten fand, ist erheblich! In Polen, in der Tschechoslowakei – ein bisschen auch in Ungarn.«
Am augenfälligsten wurde die Erstarrung des Ostblocks am kranken Kremlchef Breschnew. Willibald Pahr: »Vor allem kam es in der Sowjetunion durch die lange Agonie Breschnews zur Verlagerung der Macht ins Zentralkomitee. Dort gab es verschiedene Kräfte, die gegeneinander gekämpft haben. Dadurch ging jede Kontinuität, jede klare Linie verloren.«
Wie sehr Breschnew schon verfallen war, schildert Rudolf Kirchschläger mit einer Anekdote. Als Bundespräsident reiste er 1982 zum offiziellen Staatsbesuch nach Moskau. »Breschnew holt mich am Flughafen ab – und wir fahren in der Staatskarosse hinein nach Moskau. Vorne sitzt neben dem Fahrer Breschnews Adjutant – und auf dem Nebelstockerl der Dolmetsch. Auf einmal fragt mich Breschnew: ›Darf sich mein Adjutant eine Zigarette anzünden?‹ Ich, völlig überrascht: ›Ja, mich stört das nicht. Aber mich wundert das, dass Sie so fürsorglich für Ihren Adjutanten sind!‹ Sagt Breschnew: ›Es ist ja nicht für ihn!

Mir hat der Arzt das Rauchen verboten – und wenn er raucht, dann rieche ich ein bisschen davon mit.‹ Da habe ich mir gedacht: ›Mein Gott, Herrscher im Kreml – und muss aus zweiter Hand eine Zigarette rauchen! Da muss der Adjutant rauchen, damit er ein bisschen was abkriegt!‹ Das hat das Klima schon sehr vermenschlicht!«

Als Leonid Breschnew am 10. November 1982 starb, war klar: So konnte es mit der Sowjetunion nicht weitergehen. Mit Spannung verfolgte die Welt das Nachfolgerennen. Schon zwei Tage später war KGB-Chef Andropow neuer Kremlchef.

Die Welt reagierte abwartend: Man hielt ihn für berechenbar. Mit Andropow übernahm ein Mann die Macht, der um den schlechten Zustand der Sowjetunion Bescheid wusste: Er entpuppte sich als Reformer. Fred Sinowatz über Andropow: »Von ihm hat man schon vorher erzählt: Wenn der kommt, wird das eine Aufweichung bringen nach der Breschnew-Ära. Aber der ist ja kaum zum Zug gekommen, weil er schon schwer krank war!«

Eine besondere Begegnung blieb in dieser Zeit Erwin Lanc, damals Außenminister, in Erinnerung: Anfang 1994 wurde er im Außenministerium aufmerksam gemacht, dass ein gewisser Ryschkow [der spätere Sowjet-Premier] als Delegierter auf dem Parteitag der KPÖ in Österreich sei. Er hatte damals schon den Ruf eines Wirtschaftsexperten. Lanc nahm die Gelegenheit wahr – und lud ihn zu einem Gespräch ein, das dann mehr als zwei Stunden dauerte. Lanc: »Dieses Gespräch verlief so total anders als alle früheren Gespräche mit Kommunisten, ganz anders, als ich es gewohnt war!« Schon damals bahnte sich also, so Lanc, ein Generationswechsel an: Ryschkow bekannte sich Lanc gegenüber zu einem modernen Lebensstil, war westlich gekleidet und spielte gern Tennis.

Nach nur 15 Monaten Amtszeit starb Andropow am 9. Februar 1984. Ausgerechnet das Aushängeschild der alten Hardliner-Garnitur wurde neuer Kremlchef: Konstantin Tschernenko. Ein Klima der Erstarrung erfasste die Sowjetunion. Helmut Zilk zur Stimmung in Moskau: »Zuerst der Tod Breschnews, dann Andropow, dann Tschernenko – damals war ich als Sportminister in Moskau. Da war diese Depression – die Leute haben das

*Wird von seinen Nachfolgern Andropow (2. v .l.) und
Tschernenko (4. v. l.) zu Grabe getragen: Begräbnis Breschnews
an der Kremlmauer am Roten Platz in Moskau*

schon alle gespürt! Die [Kremlherren] sind physisch und psychisch gestorben!«
Fred Sinowatz, als Bundeskanzler mit Außenminister Erwin Lanc bei den Begräbnisfeiern für Jurij Andropow im Februar 1984, erinnert sich an sein Treffen mit Tschernenko: »Bei dem Gespräch ist er dagesessen, hat vom Zettel heruntergelesen und war sonst völlig teilnahmslos. Ich habe im Gespräch etwas Tschernenko erwidert – aber der hat nachher dasselbe weitergelesen, was er vorher auf dem Zettel gehabt hat. Es war ein gespenstischer Augenblick!«
Mitten in diese Depression die Gewissheit: Auch Tschernenko war schwer krank. Nach knapp einjähriger Amtszeit starb er am 10. März 1985. Man ahnte zwar, dass der Zeremonienmeister des Tschernenko-Begräbnisses Chancen auf die Nachfolge hatte. Aber dass er der Mann der großen Wende werden sollte, ahnte niemand: Michail Gorbatschow.

161

Der Reformer an der Kremlspitze

Sonntag, der 10. März 1985. In Moskau erweist die Führung der KPdSU Kremlchef Konstantin Tschernenko die letzte Ehre – in Anwesenheit von Politprominenz aus aller Welt. Wie seine Vorgänger Breschnew 1982 und Andropow 1984 wird auch Tschernenko 1985 im offenen Sarg zur letzten Ruhestätte an der Kremlmauer getragen. Kremlastrologen wissen: Der erste Sargträger ist zugleich aussichtsreichster Anwärter auf die Nachfolge.

Leiter der Tschernenko-Trauerfeiern ist Michail Gorbatschow. Insidern ist er ein Begriff: Andropow hatte in seiner kurzen Amtszeit eine junge Garde aufzubauen begonnen – darunter Gorbatschow und der Georgier Schewardnadse.

Gorbatschow hatte schon in den letzten Monaten der Krankheit Tschernenkos, ab Dezember 1984, hinter den Kulissen die Weichen gestellt. Schon am Tag nach dem Trauerakt wählte das ZK der KPdSU den 54-Jährigen zum neuen Generalsekretär der KPdSU.

Österreich ist bei dem Staatsbegräbnis Tschernenkos durch Bundespräsident Rudolf Kirchschläger und Außenminister Leopold Gratz vertreten. Staatstrauerakte einer Staatsvertrags-Signatarmacht sind Pflichttermine für Österreichs Repräsentanz: Bei Breschnews Begräbnis waren es Kirchschläger und Willibald Pahr, beim Begräbnis Andropows Fred Sinowatz und Erwin Lanc gewesen.

Für das Begräbnis Tschernenkos hatte Außenminister Gratz Mühe umzudisponieren: Er war gerade auf Dienstreise in Jordanien. Also rief er seine Gattin in Wien an, sie solle den Bun-

Leitete die Begräbnisfeiern für Tschernenko: Der neue
Kremlchef Michail Gorbatschow bei der Trauerrede auf der
Tribüne des Lenin-Mausoleums (Mitte)

despräsidenten bitten, ihm doch einen Wintermantel in das bit-
terkalte Moskau mitzunehmen. Gratz: »Das war etwas Unge-
heuerliches für die Russen, dass da ein Staatsoberhaupt an-
kommt und sagt: ›Bitte, ich hab da einen Wintermantel für den
Minister, der aus Jordanien kommt. Bitte ihm den Mantel am
Flugplatz zu geben!‹«
Die Trauerfeier im März 1985 ist Kirchschläger und Gratz in
tiefer Erinnerung geblieben. Gratz: »Das war doch das letzte
Mal, dass in Moskau noch das alte kommunistische Zeremoni-
ell praktiziert wurde. Die Beileidbezeugungen nahm Gorbatschow entgegen – man ging auf der Großen Kremlstiege hinauf
zu ihm. Alle Trauergäste waren angestellt. Zuerst kamen die
›Freunde‹ der sozialistischen Länder. Dann waren die Vertreter
der kommunistischen Parteien an der Reihe – ich kann mich
noch erinnern, mit welch triumphierendem Gesicht KPÖ-Chef
Muhri an uns vorbeigegangen ist. Erst dann kamen die Trauer-

gäste aus dem Westen. Die Einzige, die sich dauernd darüber aufgeregt hat, war die [britische Regierungschefin] Maggie Thatcher. Sie hat sich beschwert, dass diese – wie man auf Wienerisch sagen würde – ›Zniachteln‹ [die KP-Vertreter] vor ihr über die Kremlstiege hinaufkommen.«

Es mag das letzte Mal gewesen sein, dass auf dem Gesicht des KPÖ-Chefs Muhri ein Grinsen ob der Dinge in Moskau erschien. Die Dame, die auf der Großen Kremlstiege andauernd schimpfte, kannte den Mann bereits, der oben die Kondolenz entgegennahm: Michail Gorbatschow hatte mit Gattin Raissa im Dezember 1984 eine vielbeachtete Reise nach Großbritannien unternommen. Dieser Auftritt im Westen des für Sowjetverhältnisse jungen, dynamischen Politikerehepaares wurde ein Erfolg. Das Urteil der sonst spröden »eisernen Lady« Maggie Thatcher über Gorbatschow: »Ich mag Mr. Gorbatschow. Wir kommen miteinander aus.«

Die übrigen Trauergäste aus dem Westen und die Weltpresse waren zwar erfreut, dass mit Gorbatschow die Erstarrung im Kreml beendet und der Weg zur Modernisierung der Sowjetpolitik nun offen war. Doch von »Glasnost« (Offenheit) und »Perestrojka« (Umgestaltung), den beiden Schlagwörtern, mit denen Gorbatschow die Sowjetunion von Grund zu erneuern begann und damit das Ende des Kalten Kriegs einläutete, ahnte damals noch keiner etwas.

Und doch: Selbst eineinhalb Jahrzehnte später ist Rudolf Kirchschläger noch in lebhafter Erinnerung, wie er plötzlich spürte, welch frischer Wind zu wehen begann. Kirchschläger: »Ich habe damals im Anschluss an das Begräbnis Tschernenkos am Nachmittag mit Außenminister Gratz den Besuch bei Gorbatschow gemacht. Wir beide gingen mit der Überzeugung weg, dass da etwas Neues ist!

Normalerweise war das Ritual solcher Gespräche so, dass man eine Frage zur Diskussion stellte. Wenn die Antwort auf diese Frage in den Unterlagen vorbereitet war, wurde sie (von der sowjetischen Gegenseite) verlesen. Wenn nicht, war die Antwort: ›Das ist eine sehr wichtige Frage, die Sie hier erwähnen. Wir werden uns damit befassen und Ihnen Antwort zukommen lassen.‹ Das war der übliche Ablauf. Wichtig war dieses Aktenbündel, in dem geblättert wurde. Und der Außenminister saß üblicherweise dabei und schwieg.

Bei Gorbatschow war es plötzlich anders. Der sagte darauf: ›Ist schon interessant! Wissen Sie, ich bin da vielleicht nicht ganz Ihrer Meinung. Aber wir müssen wirklich darüber einmal reden.‹ Oder ich habe gesagt: ›Es wäre doch einmal angebracht, wenn das sowjetische Staatsoberhaupt einmal nicht nur zu einer Begegnung mit dem amerikanischen Präsidenten nach Wien kommt, sondern zu einem eigenen Staatsbesuch nach Österreich.‹ Sagt Gorbatschow: ›Ist mir gar nicht aufgefallen! Wirklich, das müsste man einmal nachholen!‹

Das war so ungewohnt, dass man einen Gesprächspartner hatte, von dem man sagen konnte: Na, der traut sich was! Das war mein erster persönlicher Eindruck von Gorbatschow.«

Außenminister Gratz ging damals von dem Treffen in der Gewissheit weg: »Ja, das war etwas völlig Neues! Denn bis dahin musste in der Sowjetunion immer alles großartig und im Westen immer alles schlecht sein.«

Auch Bundeskanzler Fred Sinowatz, der noch im selben Jahr 1985 zur Eröffnung der österreichischen Industrie-Ausstellung nach Moskau fuhr, war von Gorbatschow tief beeindruckt: »Ich war zwei Stunden bei ihm. Und ich war wirklich von den Socken, wie offen er gesprochen hat, ohne irgendetwas vorbereitet zu haben. Ganz im Gegenteil! Er hat sich offensichtlich bemüht, die Schwierigkeiten aufzuzeigen, die in der Verwaltung dieses Sowjetstaates gelegen sind: die Schwierigkeiten in den Republiken; die Verkrustung des Systems; dass Entscheidungen in Moskau kaum durchsetzbar waren, weil der Widerstand so stark war. Wir Österreicher wollten damals wirtschaftlich ins Gespräch kommen – beim Ausbau der Nahrungsmittelindustrie. Die Schwierigkeit für die Sowjets war ja damals, den Menschen genügend Nahrungsmittel zur Verfügung zu stellen. Die Logistik dafür auszuarbeiten war für sie ungeheuer schwierig. Das hat sie sehr bewegt. Von Gorbatschow war ich damals sehr beeindruckt!«

Charakteristisch für Gorbatschows Art ist die Schilderung der Eindrücke, die Bundeskanzler Franz Vranitzky von seinen Gesprächen mit Michail Gorbatschow im Oktober 1988 aus Moskau mitnahm. Damals ging es in den bilateralen Verhandlungen Österreich – Sowjetunion vor allem auch um den EG-Beitritt Österreichs – und Moskaus Widerstand.

Franz Vranitzky erinnert sich: »Mit mir ist damals eine große Wirtschaftsdelegation nach Moskau mitgereist. Und bei diesen Wirtschaftslenkern bestand die Befürchtung, dass die österreichische Absicht, EG-Mitglied zu werden, in der Sowjetunion auf Widerstand stoßen könnte.

Es kam wie das Amen im Gebet: Ministerpräsident Ryschkow, alte KP-Schule, hat, kaum dass wir uns an den Verhandlungstisch gesetzt hatten, damit begonnen: Er höre, Österreich wolle der EG beitreten – er wolle nur gleich zu Beginn der Gespräche festhalten, dass die Sowjetunion dagegen ist. Ich habe darauf gesagt, dass das eine österreichische Entscheidung ist und keine sowjetische. Darauf hat Ryschkow den Staatsvertrag zitiert und die Neutralität. Habe ich darauf gesagt: ›Also, erstens hat die Neutralität nichts mit dem Staatsvertrag zu tun – und zweitens steht im Staatsvertrag nicht, dass Österreich wegen der Teilnahme an gewissen Integrationsmodellen jemanden fragen muss.‹ Das war eine sehr borstige und haarige Diskussion. Ich brauchte zwei Tage in Moskau, um den Ryschkow zu einer einigermaßen neutralen Stellungnahme zu diesem Thema zu bringen.

Szenenwechsel. Ich gehe quasi von einem Raum im Kreml, von Ryschkow, hinaus und am nächsten Tag beim anderen hinein zu Gorbatschow. Und der Gorbatschow sagt überhaupt nichts zu unseren EG-Ambitionen – sondern macht nur einen Witz: Er hat mich gefragt, ob ich die Frau Thatcher kenne. Hab ich gesagt: ›Natürlich kenne ich sie.‹ Fragt er mich, ob ich sie gut kenne. Sag ich: ›Ja, ganz gut.‹ Fragt er mich: ›Und trotzdem wollen Sie in die EG?‹ Das war der einzige Diskussionsbeitrag Gorbatschows. Das war ein starker Kontrast: Hier der Alte-Kader-Mann Ryschkow – und da Gorbatschow, die Perestrojka lebend. Total unterschiedlicher Zugang zu ein und demselben Thema!«

Franz Vranitzky blieb das Tauziehen mit dem sowjetischen Regierungschef Ryschkow in lebhafter Erinnerung: »Rückblickend war das eine meiner stärksten Stunden: Dieser erbitterte

Kampf mit Ryschkow, der [zum Thema EG-Beitritt] nicht nachgeben wollte. Meine ganze Wirtschaftsdelegation ist unter den Tisch gesunken, die haben alle gesagt: Oje, jetzt ist alles aus.« Vranitzky konnte dann am Ende seines Moskau-Besuchs »Ryschkow wenigstens zur TASS-Erklärung bewegen: ›Der österreichische Bundeskanzler erklärt, Österreich möchte in die EWG – also geht die Sowjetunion davon aus, dass Österreich trotzdem alle seine internationalen Verpflichtungen erfüllt.‹ Damit hat Ryschkow sozusagen die Rutsch'n gehabt.«

Ähnliche Eindrücke hatte Außenminister Alois Mock bei Gorbatschows Außenminister Schewardnadse im September 1988: »Die erste österreichisch-sowjetische Gesprächsrunde war an einem Montagvormittag. Ich war platt – damals wurde das Thema EU-Beitritt [von der sowjetischen Delegation] mit keinem Wort angeschnitten. Sag ich in der Mittagspause: ›Bei der zweiten Gesprächsrunde schneide jetzt ich das Thema an – denn das glaubt mir zu Hause doch kein Mensch, dass wir darüber überhaupt nicht gesprochen haben! Entweder es kommt da noch ein ganz dicker Hund raus – oder die Sowjets sind viel normaler, als ich geglaubt hab.‹

Dann, in der zweiten Gesprächsrunde am Nachmittag, hab ich gesagt: ›Wir sollten auch über den Sektor reden, der ja doch gesamt Europa betrifft.‹ Sagt Schewardnadse: ›Bitte, fangen Sie gleich an.‹ Im Lauf des Gesprächs hat er dann gesagt, ein bisschen wundert es ihn schon, dass ein Land, das er immer als neutral sieht, de facto in eine Militärallianz hineingeht und einen neutralen Status ablegt, der doch so viel gebracht hat. Hab ich ihm geantwortet: ›Also, ich hab mir die ganzen Römer Verträge durchgelesen, aber da kommt das Wort Militär überhaupt nicht vor.‹

Gegen Schluss des bilateralen Gesprächs habe ich dann wieder die Formel gebraucht: ›Die Beziehungen Österreich – Sowjetunion sind nicht deswegen so gut, weil wir in allen Punkten übereinstimmen – sondern obwohl wir in einigen wichtigen Fragen nicht übereinstimmen, haben wir trotzdem sehr gute Beziehungen.‹ Hat Schewardnadse darauf gesagt: ›Das werden wir auch aushalten. Karascho!‹ Und ist zum nächsten Thema übergegangen.

Es war also nicht der oben erwähnte ›dicke Hund‹, aber damals habe ich mir gedacht: Da bahnt sich doch bewusst oder unbewusst eine viel lockerere Politik der Sowjets in Fragen der Ost-West-Beziehungen an!«

Vorfrühling der Wende

Dass sich eine neue Politik Moskaus gegenüber dem Westen anbahnte, spürte die Welt zuerst am Tauwetter der Supermächte in Abrüstungsfragen. In Osteuropa ergriffen Ungarn und Polen als erste Staaten des sowjetischen Machtbereichs die neuen Chancen, die sich ihnen durch die »Gorbatschow-Revolution« boten. Willibald Pahr: »Die Beziehungen Moskaus zu den Ostblockstaaten sind flexibler geworden. Dadurch fiel auch die einheitliche Linie im ›sozialistischen Lager‹ immer mehr weg – vor allem in Polen und in Ungarn.«

Dass sich Warschau und Budapest dem Reformkurs Gorbatschows anschlossen, passte in die Interessenlage Österreichs. Karl Blecha, damals Innenminister: »Wir sahen diese österreichische Position als Aufgabe, Entspannung herbeizuführen, Auswüchse des Kalten Kriegs zu mildern – erst die Liberalisierung, dann den Umbruch im Osten zu fördern, wo immer es geht.«

Laut Blecha galt es, dies in konkrete Maßnahmen umzusetzen: »Wir entwickelten sehr enge Kontakte zu den beiden reformkommunistischen Ländern Ungarn und Polen. Als Innenminister habe ich mit Spitzenbeamten beide Hauptstädte mehrmals besucht und Leute zu uns eingeladen: Wir haben mit ihnen sehr konkrete Abkommen auf dem Sektor der Drogenbekämpfung, was Ungarn betrifft, und der Terrorismusbekämpfung, was andere osteuropäische Länder betrifft, abgeschlossen. Noch in der Zeit der kommunistischen Herrschaft hat sich eine engere Zusammenarbeit der Sicherheitsbehörden Österreichs und Ungarns ergeben. Wir haben durch Kontakte mit Polen, mit Jugoslawien, mit Bulgarien viele Beiträge zur Stärkung der Reformtrends herbeigeführt in Kontakten mit den Innenressorts.«

Den Österreichern kamen dabei mehrere Faktoren zugute: Erstens waren für die Osteuropäer die Kontakte zum neutralen Österreich weniger brisant als zu NATO-Staaten. Zweitens bemühten sich die Österreicher, im Umgang mit den Osteuropäern eine offene Sprache zu führen. Alois Mock: »Der Ostblock-Kollege hat meistens die klarere, härtere Sprache eher akzeptiert als die weichere. Bewusst oder unbewusst wurde von dem Kollegen mit der härteren Sprache angenommen, dass dessen Angaben eher zutreffen.

Das Zweite ist zwar trivial, stimmt aber: Die persönlichen Beziehungen, das Miteinander-Reden, spielte eine viel größere Rolle, als man denkt! Das ist eine der positiven Begabungen des Österreichers: dass er im Durchschnitt mit Menschen anderer Prägeerfahrung, sei es kulturell, sei es ideologisch, leichter reden kann als andere. Oft gab es sehr begabte Vertreter sehr begabter Völker, die wie ein Elefant durch den Porzellanladen der Geschichte marschiert sind!«

Österreichische Politiker wurden immer öfter zu Auskunftspersonen in Sachen Ost-West-Dialog. Alois Mock: »Es war interessant, wie oft man von kommunistischen Außenministern angesprochen wurde. Die haben dann etwa gefragt: ›Können Sie mir aus Ihrer Sicht sagen: Wie sehen die Deutschen denn diese Vertriebenen-Verbände? Man hört, dass der Kohl das sagt und der Blüm das.‹ Da habe ich geantwortet: ›Ich glaube nicht, dass bei uns in Österreich jeder gleich ein Spezialist für teutonisches Wesen ist!‹ Also, hier wurden wir Österreicher oft als sehr kompetent gesehen – manchmal wurden wir aber auch überschätzt.«

Die Kooperation mit den osteuropäischen Nachbarn entwickelte sich in unterschiedlichem Tempo. Blecha: »Die Zusammenarbeit mit den Ungarn hat schon vor Gorbatschow begonnen, in der Breschnew-Ära. Und die Zusammenarbeit mit Polen an der Wende – und mit den Jugoslawen ebenfalls.«

Österreich bemühte sich in diesen Jahren um internationale Zusammenarbeit im Kampf gegen die Drogentransporte entlang der Balkanroute. Blecha: »Die Balkanroute war für uns entscheidend, weil über Vorderasien, Afghanistan, Iran, durch die Türkei, Bulgarien, Jugoslawien oder Rumänien, Ungarn die

Transportwege der Opiate, also Haschisch und Heroin, nach Österreich und durch Österreich geführt haben.

Deshalb richteten wir mit den Deutschen eine internationale Polizeiorganisation ein, in der zum ersten Mal westliche Polizeieinheiten – deutsche, italienische – mit ungarischen, jugoslawischen, bulgarischen gearbeitet haben. Insofern haben wir mit Hilfe der reformkommunistischen Länder viel Positives erreichen und die starren Fronten im Kalten Krieg etwas aufweichen können.«

Zur Aufweichung des Eisernen Vorhanges noch vor der Wende 1989 trugen zwei Ereignisse bei: In Polen hatte die Verhängung des Kriegsrechts 1981 zu einer Fluchtwelle geführt. Laut Ex-innenminister Franz Löschnak hielten sich im Gefolge der Verhängung des Kriegsrechts 1980/81 etwa 150000 Polen zumindest vorübergehend in Österreich auf.[55] Auch nach Abebben der Fluchtwelle rissen die Kontakte nicht mehr ab: Viele Polen verdingten sich in Österreich als Gelegenheitsarbeiter. Die Folge war ein anhaltender Reisestrom von Polen nach Österreich und zurück, der Informationsstrom über den Eisernen Vorhang hinweg blieb bestehen.

Nach den Polen kamen die Ungarn – aus anderen Gründen: Die ungarische Führung begann ab 1986, die Ausreisebestimmungen schrittweise zu lockern. Ungarns Außenminister des Wendejahres 1989, Gyula Horn: »Wir führten bereits 1986 einen Pass ein, mit dem die Welt den ungarischen Staatsbürgern offen stand.«[56]

Mit dieser Liberalisierung setzte eine Reisewelle der Ungarn nach Österreich ein. Die Ungarn kamen vor allem aus einem Grund nach Wien: Hier konnten sie, wenn sie Devisen hatten, die Konsumartikel kaufen, die ihnen die kommunistische Planwirtschaft nicht bieten konnte. Der Konsumrausch der Ungarn war so stark, dass die Wiener Mariahilfer Straße durch die ungarischen Käufer einen Boom erlebte, vor allem auf dem Sektor der Unterhaltungselektronik.

Für die Ungarn war der Grenzübertritt nach Österreich bereits Realität, noch bevor es zur Wende kam. Franz Löschnak deutete die Reiseerleichterung als wichtiges Vor-Signal zum Wendejahr 1989: »Es bestand in Ungarn schon die gewisse Liberalisierung der Reisetätigkeit – auch in der anderen Richtung.«

Von der Reiseerleichterung war es nur ein logischer Schritt zur Entschärfung der Grenze. Die ungarische Führung begann schon sehr bald nach Gorbatschows Amtsantritt ohne viel Aufhebens die Grenzanlagen des Eisernen Vorhangs zu entschärfen – dadurch, dass sie nicht mehr modernisiert wurden. Man ließ sie einfach verfallen.

Ungarns Demontage des Eisernen Vorhanges an der Grenze zu Österreich wurde nicht erst 1989 wirksam, sondern schon zwei Jahre vorher. Karl Blecha, damals Innenminister: »Wir hatten dann de facto mit Ungarn keinen Eisernen Vorhang mehr, der ist im Großen und Ganzen weggeräumt gewesen, die Minensperren sind beseitigt worden – schon 1987! Es ist damals eine Garantie-Erklärung [von ungarischer Seite] abgegeben worden, dass keine neuen Minen gelegt werden. Es gab damals Überschwemmungen im Grenzgebiet – Minen wurden über die Grenze zu uns herübergespült. Das wurde von den Ungarn auch als Bedrohung der grenznahen Dörfer auf ihrer Seite angesehen. Deshalb haben sie uns bestätigt, dass sie selbst an der Beseitigung der Minen arbeiten – und dass auf keinen Fall neue Minen gesetzt werden. Das war 1987!«

Leopold Gratz bestätigt: »Die Ungarn haben schon lange vorher [vor 1989] begonnen, die Minenfelder wegzuräumen, sodass ›nur‹ der Stacheldraht übrig geblieben ist.«

Bereits 1987 hatte die Leitung des ungarischen Grenzschutzes der Staatsführung vorgeschlagen, die technisch veralteten Grenzhindernisse an der Westgrenze nicht mehr zu erneuern. Der Vorschlag kam der Regierung gelegen: Sie kämpfte mit einer akuten Finanzkrise. Der Eiserne Vorhang an der Grenze zu Österreich war dringend überholungsbedürftig. Daher empfahl der Grenzschutz den Abbruch – außerdem seien solche Grenzsperren politisch, moralisch und technisch überholt. Diese Formulierung griff Imre Pozsgay auf und bezeichnete den Eisernen Vorhang beim Besuch der Grenzstation Hegyeshalom im Oktober 1988 als »eine Schande«.[57]

Später ergänzte Pozsgay im CNN-Interview: »Man sagte uns, dass der Eiserne Vorhang technisch veraltet war – er funktionierte als Grenzsperre nicht mehr. Man sollte nicht eine Konstruktion erhalten, die das Leben von Menschen in Gefahr bringt!«

Auch Reformer-Premier Miklos Nemeth bestätigte im CNN-Interview[58], dass der Abbau des Eisernen Vorhangs bereits lange vor dem Berliner Mauerfall begonnen wurde: »Ich lehnte es ab, im Budget für dieses Jahr dem Innenminister Geld zur Erneuerung des alten Stacheldraht-Systems zu geben.«
Im Februar 1989 entschied das Politbüro der ungarischen KP, den Eisernen Vorhang nicht mehr zu erneuern. Im März wurde der Beschluss von der Regierung formell gefasst.
An der Grenze zur Tschechoslowakei dagegen blieb der Eiserne Vorhang bis zuletzt eine Schreckensgrenze des Kalten Kriegs. Karl Blecha: »Im Verhältnis mit der Tschechoslowakei war der Rollbalken herunter!«
Allerdings konnte man auch in der Tschechoslowakei Anzeichen von Veränderung registrieren. Franz Vranitzky, damals Bundeskanzler: »Die Prager Kommunisten waren sehr linientreu. Aber es hat dann parallel dazu doch auch Zeichen der Auflockerung gegeben. Der Prager Frühling ist zwar niedergeschlagen, aber nicht ausgelöscht worden. Da waren etwa die Kontakte [der Fernsehdirektoren] Zilk – Pelikan. Oder das Wiener Institut für Internationale Wirtschaftsvergleiche (WIIW) wurde ein Forum für namhafte geflüchtete Ostblock-Ökonomen, nicht zuletzt für Tschechen. Hier ist am Hauptgeleise noch der alte Kommunismus gefahren – aber auf den Nebenbahnen hat sich bereits Interessantes abgespielt.«
Auch für Alois Mock ist dieser Übergang zur Öffnung Osteuropas markant: »Das waren dann nicht mehr bloß die üblichen Schwankungen und Pendelschläge der Politik – da steckte dann schon viel mehr dahinter.«
Dass aber sogar in unmittelbarer Nachbarschaft Österreichs oft noch bis zur Wende schier unglaubliches Unverständnis über den Westen herrschte, davon ist Verteidigungsminister Robert Lichal eine Begebenheit mit seinem ČSSR-Amtskollegen Václavik in lebhafter Erinnerung: Dieser, ein Vier-Sterne-General, hielt sich 1988 auf Einladung Lichals in Wien auf. Lichal lud seinen Gast aus Prag zum Spaziergang durch die Wiener Innenstadt ein. Als die beiden Verteidigungsminister in die Kärntner Straße einbogen, fragte der Tscheche den Österreicher unter vier Augen: »Herr Minister, bitte eine ehrliche Antwort auf ei-

ne ehrliche Frage: Was man hier in den Auslagen sieht, das ist aber nicht zu kaufen?« Lichals Reaktion: »Ich hab ihm gesagt: ›Wenn Sie das Geld dazu haben, können Sie hier alles kaufen! Schauen Sie sich doch die Leute an!‹ Hat der tschechoslowakische Verteidigungsminister noch 1988 geglaubt, es seien alle Auslagen extra für ihn hergerichtet worden. Das hat mich schwer erschüttert!«

Umgekehrt blieb den westlichen Besuchern nicht mehr verborgen, in welch schlimmem Zustand sich die Ostblockwirtschaft bereits befand.

Fred Sinowatz erinnert sich an seine Kanzlerreise in der DDR: »Ich war bei der Eröffnung eines großen VÖEST-Werkes in Chemnitz, damals Karl-Marx-Stadt. Bei der Rückfahrt fuhr ich im Auto mit Honecker. Wie ich dann während der Fahrt diese Landschaft gesehen habe, rundherum grau in grau und schmutzig, habe ich Honecker gefragt, was das ist. Sagt er: ›Ja, das ist Braunkohle. Die müssen wir noch die nächsten zwanzig Jahre verwenden.‹ Da ist mir so richtig zu Bewusstsein gekommen, wie heruntergewirtschaftet dieses Land schon war.«

Die Regime in Prag und Ostberlin waren starr – in Moskau war man bereits weit voraus. Willibald Pahr hielt sich 1987 in Moskau auf und machte bei Andrej Gromyko, damals Vorsitzender des Präsidiums des Obersten Sowjets, einen Höflichkeitsbesuch. Im zweistündigen Gespräch fragte Pahr Gromyko über Gorbatschows Reformkurs. Gromykos Antwort: »Diese Perestrojka ist nicht gegen mich gerichtet – ich habe Gorbatschow als Generalsekretär der KPdSU vorgeschlagen. So wie wir es uns früher vorgestellt haben, halte ich das nach wie vor für das einzig Richtige. Aber das ist nur in einer geschlossenen Gesellschaftsordnung möglich, ohne ständige Einflüsse von außen. Diese Situation ist nicht mehr gegeben. Wir müssen daher versuchen, neue Wege zu gehen.« Pahrs Schlussfolgerung: »Das war der Anfang vom Ende. Das ist der Beweis für mich, dass unsere Politik der schrittweisen Entspannung gegenüber dem Osten der richtige Weg war.«

Von Gromykos Bemerkung zu Gorbatschows Verweis für DDR-Staats- und Parteichef Honecker »Wer zu spät kommt, den bestraft das Leben!« bei den 40-Jahr-Feiern der Gründung der DDR im Oktober 1989 war es nur noch ein Schritt.

Aber so viele Vorzeichen des Wandels es im einst so monolithischen Ostblock bereits vor 1989 gegeben hat und sosehr man in Wien erste Risse registrierte: Niemand konnte sich zur Jahreswende 1988/1989 vorstellen, dass es ein Jahr später den Eisernen Vorhang nicht mehr geben würde, dass ein Jahr darauf die deutsche Wiedervereinigung perfekt und spätestens 1991 mit dem Zerfall der Sowjetunion der Kalte Krieg beendet sein würde.

Wie sehr Westeuropa diesem Umbruch 1989 ahnungslos entgegenging, beleuchtet eine Anekdote, die Franz Löschnak erzählt: »Ich wurde im Februar 1989 Innenminister – kurz darauf wurde in Deutschland Wolfgang Schäuble Innenminister. Wir waren beide gleichzeitig Kanzleramtsminister – ich kenne daher Schäuble gut. Wie üblich besuchen neu ernannte Minister traditionell die Amtskollegen ihrer Nachbarländer. Ich traf also Schäuble Anfang Juli 1989.

Ich habe Schäuble damals – fast seherisch – gefragt, wie er die Liberalisierungstendenzen, die in Ungarn und in Polen schon erkennbar waren, einschätzt, vor allem Richtung DDR.

Schäuble, der immerhin einen Informationsapparat von einigen hundert Agenten und etlichen hundert Informanten auch aus der DDR zur Verfügung hatte, hat mir gegenüber die Situation Anfang Juli 1989 so klassifiziert: ›Die Liberalisierungstendenzen, die in einzelnen Ostblockländern feststellbar sind, werden mit Sicherheit in den nächsten Jahren nicht auf die DDR übergreifen.‹ So Schäubles Ansage. Was die Tschechoslowakei betraf, wollte Schäuble keine Prognose stellen – da fühlte er sich zu wenig kompetent.«

»Dieses Gespräch«, so Löschnak heute, »hat mich in der Meinung bestärkt, dass den Umbruch in Osteuropa – was ja zu einem Umbruch in Europa und der ganzen Weltpolitik wurde – bis in den Spätsommer 1989 niemand wirklich vorhersagen konnte. Niemand getraute sich vorauszusagen, dass sich innerhalb weniger Wochen alles schlagartig ändern würde.«

Das Wendejahr 1989

Es war am 13. Februar 1989, als Ungarns Reform-Premier Miklos Nemeth seinen österreichischen Amtskollegen Franz Vranitzky zum Nachbarschaftsbesuch traf. Kein Besuch wie jeder andere. Denn Nemeth brach mit einem Tabu: Getreu der Ostblocktradition musste ein neuer ungarischer Regierungschef zuerst in Moskau seine Aufwartung machen. Doch Nemeth plante seine erste Auslandsreise als Premier – nach Österreich. Er traf mit Bundeskanzler Vranitzky in Sopron zusammen – gemeinsam fuhren beide über die Grenze.

Auf der Fahrt nach Rust, so erinnert sich Vranitzky, erging sich Nemeth in zielgerichteten Andeutungen: »Auf der Fahrt durch das Burgenland hat Nemeth zu mir gesagt: ›Schon allein wie eure Dörfer ausschauen, muss das für uns Ansporn genug sein, euch das nachzumachen!‹«

Vranitzky rückblickend: »Das waren Zeichen (des nahen Umbruchs) – und wir haben die Zeichen erkannt, die Zeichen waren sichtbar. Aber die kommunistischen Systeme waren doch in ihrer Grundstruktur über so lange Zeit hinweg festgefügt, dass es 1987/88 höchstens vage Hoffnungen auf Veränderung gab.«

Zeichen aus Ungarn registrierte auch Außenminister Alois Mock, als er im Frühjahr 1989 in Budapest mit Nemeth zusammentraf: »Einige Monate vor dem Fall des Eisernen Vorhangs sagt Nemeth zu mir: ›Immer, wenn ich in der Gegend bin, fahr ich gern einmal herüber zu euch nach Bruck und kauf mir dort ein Bier, ihr habts so ein gutes Bier. Ich sag ja meinen Mitarbeitern: Sollen doch die anderen Ungarn auch hinüberfahren auf ein Bier!‹ Darauf sag ich zu Nemeth: ›Nehmen wir es doch so, wie Sie es sagen, Herr Ministerpräsident: Was ist denn der Eiserne Vorhang heute überhaupt noch?‹ Die Ungarn haben damals schon oft Andeutungen gemacht!«

Aus den Andeutungen wurde Konkretes. Zwei Monate später erscheint der ungarische Botschafter in Österreich, Janos Nagy, bei Mock am Wiener Ballhausplatz. Mock: »Er brachte eine Kiste mit einer Glasplatte drauf – und in der Kiste war Stacheldraht vom Eisernen Vorhang. Zufällig wartete draußen vor der Tür ein Kamerateam vom ORF. Die sahen den Botschafter mit der Stacheldraht-Kiste und fragten, ob sie das aufnehmen dürfen. Der Botschafter stimmte zu – wollte aber keine Erklärung abgeben. Mir war klar: Das bringt dieser Diplomat nicht zufällig mit, das hat doch solche Symbolwirkung, wenn ein Botschafter so etwas mitbringt! Damals war das Ganze noch im Laufen – aber er wollte offenbar zeigen, dass Ungarn der Entwicklung vorausgeht.«

Kurz nach diesem Gastgeschenk schlug Mock seinem ungarischen Amtskollegen Horn am Telefon vor, doch als Nachbarschaftsgeste ein Stück des Eisernen Vorhangs zu zerschneiden. Horn stimmte zu – der Symbolakt wurde im Anschluss an den Besuch Horns Ende Juni in Wien fixiert.

Doch schon vorher hatte die ungarische Führung mit ihrer Absicht, den Eisernen Vorhang abzureißen, Ernst zu machen begonnen. Ausschlaggebend war eine Aussprache von Ministerpräsident Miklos Nemeth in Moskau Ende März 1989. Damals stellte der Reformpremier der Kremlführung fünf entscheidende Fragen: »Wie wird sich die UdSSR verhalten, wenn Ungarn Verhandlungen über den Abzug der Sowjettruppen verlangt? Wenn es den Abtransport sowjetischer Nuklearraketen vom ungarischen Territorium fordert? Wenn Ungarn zu einem späteren Zeitpunkt das Mehrparteiensystem einführt? Wenn Budapest der Genfer Flüchtlingskonvention beitritt? Und schließlich wenn die Ungarn im Grenzabschnitt zu Österreich den Eisernen Vorhang abbrechen?«[59]

Sowjetpremier Ryschkow waren diese Fragen zu heikel – er gab sie an Gorbatschow weiter. Dessen Antwort: Zum Truppenabzug – es standen noch 80 000 Sowjettruppen in Ungarn – signalisierte er Verhandlungsbereitschaft. Den Abzug der Atomraketen versprach er. Zu den Fragen drei bis fünf – also auch zum

Abbau des Eisernen Vorhangs – gab Gorbatschow den Ungarn freie Hand. Und fügte laut Nemeth hinzu: Solange er, Gorbatschow, auf seinem Stuhl sitze, werde die Sowjetunion »die Sünde von 1956 nicht wiederholen«.

Damit waren die Reformer in Budapest der Auffassung, der Abbau des Eisernen Vorhangs liege in ihrem Ermessen. Der nächste Schritt war nur folgerichtig: Am 2. Mai 1989 begannen ungarische Grenzsoldaten mit dem Abbau der Befestigungsanlagen an der Grenze zu Österreich. Österreich registrierte den Vorgang sehr genau. Noch am selben Tag sandte Mock Horn ein Glückwunschtelegramm und bezeichnete die Aktion als »Ausdruck der ausgezeichneten Qualität der gutnachbarlichen Beziehungen und als Ergebnis des gesellschaftlichen Reformprozesses, den Volk, Parlament und Regierung in Ungarn eingeleitet haben«.[60]

Am Tag danach erklärte Mock zum Abbau der Grenzsperren, damit würde »ein Jahrzehnte altes Symbol der Trennung Europas und der Unfreiheit der Völker im Osten beseitigt. Das Niederreißen des Eisernen Vorhangs bestätigt das besondere Verhältnis Ungarns zu Österreich.« Aus Wiener Sicht wurde das ungarische »Abbruch-Unternehmen Eiserner Vorhang« aber noch immer als Zeichen der guten Nachbarschaft Österreich – Ungarn betrachtet.

Im Ostblocklager blieb die Kühnheit der Ungarn nicht unbemerkt – und nicht unwidersprochen. Wie Günther Schabowski, damals SED-Politbüromitglied, berichtet, »war Honeckers erste Reaktion darauf, dass er den Außenminister der DDR nach Moskau schickte, der dort gegen diese Entscheidung protestierte. Aber Moskaus Antwort war: ›Wir können in dieser Frage nichts tun.‹ Das war einmalig. Es war das erste Mal, dass Moskau etwas dergleichen zu uns gesagt hat!«[61]

Franz Löschnak erinnert sich in diesem Frühjahr an »zwei, drei Wortmeldungen im Ministerrat« seines Ministerkollegen Mock zur Lage in Osteuropa. Dass gehäuft Berichte über ein Abbröckeln des Eisernen Vorhangs auf seinem Schreibtisch gelandet wären, könne er nicht sagen. Dagegen bestätigt Löschnak »gehäuft Hinweise, dass die wirtschaftliche Situation des [Ostblock-]Paradepferds DDR so morbide war, dass sie laufend in

*Ein Bild schrieb Geschichte: Österreichs Außenminister
Alois Mock und sein ungarischer Amtskollege Gyula Horn
durchschneiden am 27. Juni 1989 den Eisernen Vorhang*

Zahlungsschwierigkeiten kam. Es gab immer wieder Hinweise:
Die können nicht mehr, die sind am Ende!«
Kanzler Vranitzky hatte 1989 »insgesamt drei Begegnungen mit
Nemeth, in denen es vor allem um die Neugestaltung Ungarns
ging. Er war immer sehr offen in seiner Analyse der Schwierigkeiten, auch im Bekenntnis zum Übergang Ungarns zum politischen Pluralismus und zur Marktwirtschaft.«
Ein Gespräch mit Nemeth ist Vranitzky besonders in Erinnerung geblieben: »Wichtig war das Gespräch am 25. Mai im Vorfeld der ungarischen Entscheidung, die DDR-Bürger ausreisen
zu lassen, und der symbolischen Beseitigung des Eisernen Vorhangs, die am 27. Juni stattgefunden hat. Wir haben darüber gesprochen, sollte sich irgendwas [in Ungarn] ergeben, ob Österreich mithelfen würde. Die Antwort war natürlich: Ja!«
Die Fotos der nächsten Stufe im Abriss des Eisernen Vorhangs

machten Geschichte. Am 27. Juni 1989, einem diesigen Frühsommertag, durchschnitten Mock und Horn in Anwesenheit von einigen Dutzend Grenzsoldaten, Diplomaten und Journalisten – unter ihnen der Autor dieses Buchs, noch heute hängt ein Stück dieses Stacheldrahts über seinem Redaktionsschreibtisch – in einem Waldstück nahe dem Grenzübergang Klingenbach den Eisernen Vorhang. Dabei fiel es gar nicht mehr so leicht, ein längeres noch intaktes Stück des Eisernen Vorhangs an der ungarisch-österreichischen Grenze zu finden.

Der erste Schnitt war getan. Dennoch ahnte an diesem Junitag niemand, dass die Laufmaschen dieses Schnitts durch den Stacheldraht binnen sechs Monaten den gesamten Eisernen Vorhang von der Ostsee bis zum Balkan zum Reißen bringen sollten. Dabei schimpfte Gyula Horn damals: »Meine große Drahtschere war stumpf. Da habe ich im Spaß gemeint, dass man mir absichtlich die stumpfe und Mock die scharfe Drahtschere gegeben hat!«[62]

Der nächste Meilenstein nur siebeneinhalb Wochen später: Die Paneuropa-Union von Otto Habsburg und das Ungarische Demokratische Forum von Staatsminister Imre Pozsgay luden am 19. August 1989 zu einem »Paneuropa-Picknick« im Grenzbereich zwischen St. Margarethen und Sopron. Für das Treffen wurde die alte Ödenburger Straße geöffnet. Die Lücke im Grenzzaun nützten rund 600 der rund 12 000 DDR-Bürger, die in Ungarn auf Ausreise lauerten, zur Flucht in den Westen.

Diese erste DDR-Flucht sah spontan aus – doch unter den in Ungarn auf Ausreise wartenden DDR-Bürgern waren bereits im Vorfeld des Treffens Lageskizzen mit den günstigsten Grenzübertrittstellen kursiert.

An diesem Samstagnachmittag läutet bei den Mocks in Wien das Telefon. Gattin Edith nimmt den Hörer in der Küche ab. Es ist Ungarns Außenminister Gyula Horn, der seinen österreichischen Amtskollegen sprechen will. Alois Mock erinnert sich: »Sie hat den Hörer abgenommen und ist zu mir rübergegangen in mein Kammerl und hat gesagt: ›Du, der Horn ist am Telefon.‹ Jedenfalls sagt mir der Horn: ›Ich möchte Ihnen sagen, Kollege Mock: Wir werden unsere Tore, die heute geöffnet worden sind, nicht mehr zumachen. Es kann daher jeder nach

*Erster Durchbruch durch den Eisernen Vorhang:
DDR-Flüchtlinge beim Paneuropa-Picknick an der Grenze
Österreich – Ungarn am 19. August 1989*

seinen Vorstellungen und mit seinem Risiko in Ihr Land, wann er will. Das können Sie natürlich auch Ihren Kollegen im Westen sagen.‹«
Kaum hatte Horn aufgelegt, rief Mock von seinen westeuropäischen Amtskollegen an, wen er an diesem Samstagnachmittag erreichen konnte: »Ich hab sofort versucht anzurufen: den Duma, den Genscher hab ich erreicht, den Poos nicht. Vier, fünf habe ich angerufen, zwei, drei hab ich erreicht, um ihnen das zu sagen. Damals war mir endgültig klar: Das fällt jetzt! Da fallen zuerst die Anlagen – und dann geht das Schlag auf Schlag. Denn in dem Moment, wo die nicht mehr brutal dagegen reagieren, kommen sie ins Rutschen!« Für Mock war die DDR-Massenflucht in den Westen nun nicht mehr zu halten.
Die Österreicher waren die ersten, die von den Ungarn informiert wurden. Sechs Tage später, am 25. August 1989, trafen

Premier Nemeth und Außenminister Horn zum ursprünglich als geheim geplanten Gespräch mit Kanzler Kohl und Außenminister Genscher in Bonn ein. Nemeth und Horn sicherten den Deutschen die Öffnung der Grenze zu.

Tatsächlich war das Paneuropa-Picknick ein ungarischer »Versuchsballon«: Budapest wollte die Reaktion Moskaus auf eine Grenzöffnung für DDR-Bürger austesten. Als Moskau nicht reagierte, gab es kein Zurück. Mock verwunderte damals, »dass keine kräftigeren Reaktionen aus Moskau erfolgten. Da hab ich mir gedacht: Bitte, das halten die in Moskau nicht mehr lange aus!«

Am 10. September verkündete Außenminister Horn im ungarischen Fernsehen die Öffnung der Grenzen für alle DDR-Ausreisewilligen. Binnen drei Wochen reisten 23 044 DDR-Bürger über Österreich aus. Als am 9. November 1989 die Berliner Mauer fiel, hatten 51 440 Ostdeutsche im Burgenland erstmals westlichen Boden betreten.

Die österreichische Bevölkerung machte beim Empfang der DDR-Bürger ihrem Ruf der Hilfsbereitschaft erneut alle Ehre – wie während des Ungarn-Aufstands 1956, der ČSSR-Invasion 1968 und des Kriegsrechts in Polen 1981.

Wie gefährlich war damals die Situation für Österreichs Sicherheit? Franz Löschnak, damals Innenminister: »Vom historischen Ablauf her war das primär eine außenpolitische Angelegenheit. Zu irgendeinem Zeitpunkt hatten Mock und ich ein eingehendes Gespräch – Klestil war als Generalsekretär im Außenamt damals auch dabei. Da ging es darum, was wir machen, wenn die Ostdeutschen tatsächlich ausreisen, wie wir diese Angelegenheit behandeln würden. Das war natürlich vor allem eine Sache des Innenministers.

Ich habe damals gesagt: Das kann ja überhaupt kein Problem sein, wenn es gilt, einige Züge oder Waggons oder Autobusse durch Österreich zu schleusen. Wir werden für die Durchreise ganz einfach den Visumzwang [für DDR-Bürger] aufheben. Wir werden sie ganz einfach durchreisen lassen – geschlossen, damit sie sich nicht in Österreich verlieren. Und an der Grenze kontrollieren wir noch, ob eh alle drinnen sind – und dann: auf Wiederschauen! So war die Stellung des Innenministers: einfach und unproblematisch.«

Václav Havel gegründet. Nach Generalstreik und Massendemonstrationen muss Staatschef Husák am 9. Dezember abdanken.

Parallel zur ČSSR folgt Bulgarien: Am 10. November muss Staats- und Parteichef Todor Schiwkow zurücktreten.

Bis dahin verläuft der Kollaps der KP-Regime unblutig. Rumänien macht die Ausnahme: Am 22. Dezember wird Ceauşescu gestürzt, nachdem er bis zuletzt Truppen gegen Demonstranten eingesetzt hat. Nicolae und Gattin Elena Ceauşescu fliehen, werden gefasst und am 25. Dezember hingerichtet.

Zur Jahreswende 1989/90 ist kein osteuropäischer Nachbar Österreichs mehr von einem KP-Regime beherrscht. Alois Mock zu diesem Dominoeffekt: »Ich war der Meinung: je härter ein Regime steht, desto spektakulärer wird sein Umfallen sein. Wenn ein Regime schon flexibel ist, da und dort zurückweicht – dann kann es sein, dass man gar nicht bemerkt, wie sehr da schon getorkelt wird. Wenn aber ein Regime starr steht – und dann fällt es um: Dann ist völlig klar, dass das ein spektakuläres Umfallen wird.«

Welches waren nun die »Worst-Case«-Szenarien für Österreich in diesen Umbruchtagen? Alois Mock: »Das, was sich dann in Jugoslawien abgespielt hat, haben wir eher erwartet als eine mögliche besonders negative Option beim Zerfall der Sowjetunion. Und so etwas wie dann beim Sturz Ceauşescus. Wir haben erwartet: In einem Fall wird es ärger werden, in einem anderen weniger arg. Dass dann aber das Zusammenbrechen der Regime doch weitgehend ohne unmittelbare Auswirkungen auf das Leben und die Existenz von Hunderttausenden sein wird – das habe ich damals nicht geglaubt! Aber das kommunistische System war eben schon irrsinnig morsch.«

Auch Robert Lichal führt als »Worst-Case«-Szenario Jugoslawien an: »Unsere Sorge war immer der Zerfall Jugoslawiens. Den haben wir befürchtet – der ist ja auch eingetreten. Was Polen oder die DDR betrifft, so kann ich mich nicht erinnern, dass ich [als Verteidigungsminister] damals sehr besorgt war oder dass wir besondere Maßnahmen getroffen hätten. Nachschauen waren wir immer.«

Besonders brisant wurde die Lage, als im November/Dezember

1989 die Tschechoslowakei an die Reihe kam. Franz Löschnak: »Wenn bei Nachbarn ein System, das 40 Jahre lang etabliert war, seinen Platz räumen muss, ist das eben eine ernste Situation. Da hat es schon einige Krisensituationen gegeben, wo wir als Gesamtregierung gesagt haben: Da muss man jetzt aufpassen – oder diese Entwicklung muss das Außenamt total unter Kontrolle haben! Und wenn notwendig, muss der Botschafter eben stündlich hereinberichten. Etwa, damit sich der Grenzschutz auf die Aufnahme von Flüchtlingen einstellen kann.«

Löschnaks Amtsvorgänger Karl Blecha: »Wir waren der Meinung, dass der Fall der Regime in manchen Ländern gut gehen wird, dass er aber in Tschechien und in der DDR nicht unblutig möglich sein wird. Gestützt auf sowjetische Bajonette kann das dort nicht unblutig vor sich gehen, meinte man damals! Auch in Rumänien.«

Vor allem galt dies für die Tschechoslowakei. Löschnak dazu: »Wir hatten befürchtet, dass es in der Tschechoslowakei nicht ohne Komplikationen abläuft. Je nachdem, welche Schwierigkeiten eingetreten wären, Österreich wäre davon berührt gewesen: Von der ›normalen‹ Flucht von Zigtausenden aus den Grenzregionen über vielleicht bürgerkriegsähnliche Ereignisse mit allen Konsequenzen bis hin zum Grenzschutz, der sich dann daraus ergeben hätte.«

Die Unsicherheit war verständlich. Löschnak: »Man wusste ja nicht, ob in der Tschechoslowakei alles undramatisch über die Bühne geht und daher unblutig bleibt. Allein, was die Katastrophenhilfe betrifft: Im Ernstfall wäre da ja eine Flüchtlingswelle von einigen Zigtausenden über Oberösterreich und Salzburg hereingebrochen.« Daher gab es »einige Überlegungen, was wir machen, wie wir die Dinge angehen. Ich selbst habe mehrfach mit dem Landesverteidigungsminister geredet, mehrmals mit dem Außenminister. Und habe vorsichtig Länderkontakte aufgenommen.«

Die Schwierigkeit, vor der Löschnak damals stand: einen Mittelweg zwischen Vorsorge und Vermeidung von Panik zu gehen. »Es konnte eine veritable Krise werden, musste aber nicht. Die Schwierigkeit war, eine Krise nicht herbeizureden und herbeizuverhandeln, die Leute nicht in Panik zu bringen. Daher musste man behutsam mit den Landeshauptleuten reden. Man kann natürlich eine Landeshauptleute-Konferenz einberufen und sagen: In der Tschechoslowakei ist es kritisch. Damit womöglich die uns dann Einmischung in innere Angelegenheiten vorwerfen können!«

Vorsichtsmaßnahmen, die zum Glück nicht in die Praxis umgesetzt werden mussten: Schon in den nächsten 48 Stunden nach dem Sturz Husáks in Prag begannen tschechoslowakische Soldaten an mehreren Stellen der 380 Kilometer langen Grenze zu Österreich mit dem Abbau des Eisernen Vorhangs – der neben der Berliner Mauer und der DDR-Grenze zu den gefürchtetsten Grenzabschnitten des Kalten Kriegs gezählt hatte: Selbst verirrte Herdentiere oder Schwammerlsucher, die irrtümlich auf die ČSSR-Seite geraten waren, konnten hier eine Grenzkrise auslösen.

Am 11. Dezember 1989 wurde der erste Schnitt in den Eisernen Vorhang an der tschechoslowakisch-österreichischen Grenze von Oberösterreichs Landeshauptmann Ratzenböck und dem südböhmischen Kreisvorsitzenden Senkyr getan. Sechs Tage später ließ es sich Außenminister Mock nicht nehmen, ein halbes Jahr nach dem Symbolakt mit Ungarn auch den Stacheldraht an der tschechoslowakischen Grenze zu durchschneiden. Mocks Gegenüber war der neue Prager Außenminister Jiři Dienstbier: Charta-77-Dissident, Gefolgsmann Havels, einer derjenigen, die besonders unter der Verfolgung durch das Prager KP-Regime zu leiden gehabt hatten.

Eine Konsequenz hatte der Wende-Herbst 1989 für das Bundesheer: der so genannte »Assistenzeinsatz« an der Grenze des ehemaligen Eisernen Vorhangs. Robert Lichal: »Ich habe damals als Verteidigungsminister Ende 1989 über Ersuchen der Bundesregierung Bundesheersoldaten für den Grenzeinsatz zur Verfügung gestellt. Denn die offene Staatsgrenze nach dem Fall des Eisernen Vorhangs war natürlich – staatsbedrohend will ich nicht sagen, aber zumindest mit Vorsicht zu genießen! Es bestand ja die Gefahr, dass aus allen Ländern Menschen herüberrennen können.«

Weil der Zustrom illegaler Grenzgänger von Ungarn Richtung Westen immer mehr anstieg und die Aktivitäten von Schlepper-

banden immer unverschämter wurden, wurde die »grüne Grenze« Burgenland – Ungarn seit 4. September 1990 im Rahmen
des Assistenzeinsatzes durch das Bundesheer mit überwacht.
Bis Mitte Juni 1999 wurden knapp 53 000 Aufgriffe im Bereich
Militärkommando Burgenland registriert.

Exaußenminister Willibald Pahr: »Bei aller Einsicht in die
Dinge, mich bedrückt das immer noch: Wenn ich früher nach
Ungarn gefahren bin, sind die Wachtürme auf der anderen Seite
gestanden. Heute sind sie auf unserer Seite. Ich weiß, dass es
notwendig ist, wir müssen uns vor illegaler Zuwanderung
schützen, völlig richtig. Nur trotzdem: Es tut einem weh, wenn
man ehrlich ist.«

Vom Sowjet-Zerfall zum neuen Europa

Es ist später Nachmittag am Montag, dem 30. September 1991. Nach einem eineinhalbstündigen Meinungsaustausch treten Sowjet-Präsident Michail Gorbatschow und der österreichische Bundeskanzler Franz Vranitzky um 17 Uhr 30 Moskauer Zeit in der Halle neben Gorbatschows Amtsräumen im Kreml zum Pressegespräch vor die sowjetischen und österreichischen Journalisten.

Am Ende der Pressekonferenz kommt der Sowjetpräsident

Gab Österreich den Weg zur EU frei: Sowjetpräsident Gorbatschow mit Bundeskanzler Vranitzky

189

zum sensibelsten Punkt der österreichisch-sowjetischen Beziehungen. Auf die Frage des Autors dieses Buches, was er denn nun von Österreichs EG-Beitrittswünschen halte, erklärt Gorbatschow wörtlich: »Ich sehe diesen Schritt [den EG-Beitritt Österreichs] als einen souveränen Schritt Österreichs an – als ein normales Element des europäischen Prozesses. Sie [die Österreicher] können selbst und frei entscheiden, was Sie und wann Sie es haben wollen.«

Auch wenn der Sowjetpräsident schon zuvor Andeutungen gemacht hat: Gorbatschows klare Worte zu den EG-Beitrittsabsichten Österreichs sind ein Paukenschlag. Kanzler Vranitzky nimmt die Frage an Gorbatschow zwar mit gemischten Gefühlen hin – dessen Antwort erleichtert. Allerdings betont Vranitzky die Devise heimischer Regierungspolitik: Die Frage des EG-Beitritts werde in Wien, nicht in Moskau entschieden – er habe aber Gorbatschow mitgeteilt, dass Österreich demnächst Beitrittsverhandlungen mit der EG aufnehmen wolle.

Gorbatschow rüttelte nicht nur die Österreicher im Kreml auf, sondern auch die Sowjetdiplomaten: Der Fall des Eisernen Vorhangs lag schon zwei Jahre zurück. Doch was die sowjetische Außenpolitik gegenüber Österreich betraf, schien die Zeit stillzustehen: Die Leitlinien der für Deutschland und Österreich zuständigen 3. Europäischen Abteilung des sowjetischen Außenministeriums gaben dieselben Diplomaten vor wie zu alten Kremlzeiten. »Gralshüter des sowjetischen Imperialismus«, wie der frühere österreichische Botschafter in Moskau, Herbert Grubmayr, sie heute bezeichnet. Österreich müsse an seiner Neutralität festhalten, ein Beitritt zur EG sei mit der Neutralität unvereinbar, hatte es in Moskau und an der Sowjetbotschaft in Wien stets geheißen.

Dabei gab es nicht einmal drei Monate nach dem Besuch Vranitzkys in Moskau die Sowjetunion nicht mehr: Erst eineinhalb Monate vorher war der groteske August-Putsch gescheitert – zum Zeitpunkt des Vranitzky-Besuchs in Moskau war längst Boris Jelzin der Mann der Stunde.

Am Tag, als er Österreich den Weg zur EG freigab, dominierte Gorbatschow nicht damit, sondern mit der Drohung die Nachrichten: »Wenn es nicht gelingt, die Desintegration des Landes

Das Ende der Sowjetunion: Präsident Michail Gorbatschow
schließt am 25. Dezember 1991 den Aktendeckel über
eine Supermacht

zu stoppen«, werde er vom Amt des sowjetischen Staatspräsidenten zurücktreten.

Am 25. Dezember 1991 war es so weit: Die Sowjetunion löste sich formell auf, Gorbatschow musste abdanken. In Zukunft sollten Jelzin, die Russische Föderation und die Gemeinschaft Unabhängiger Staaten (GUS), das Nachfolgegremium der UdSSR, die Politik Moskaus dominieren. Die eigenen Landsleute weinten Gorbatschow zu Weihnachten 1991 keine Träne nach. Im Westen war er aber noch immer ein gefeierter Politstar.

Mit dem Respektabstand von einem Jahrzehnt wird Gorbatschows Rolle auch von Entscheidungsträgern in Österreich ambivalent beurteilt: Überaus positiv, was Gorbatschows Freigabe Osteuropas, die Wiedervereinigung Deutschlands und die Demokratisierung der Sowjetunion betrifft. Aber sehr kritisch, was seinen Mangel an Reformvisionen betrifft.

Fred Sinowatz ist rückblickend überzeugt, dass Gorbatschow zwar Reformen, nicht aber den totalen Zusammenbruch des Systems gewollt hat: »Das war nicht Gorbatschows Absicht. Er wollte das System öffnen, ihm eine andere Richtung geben. Aber er hat auch ganz offen die Schwierigkeiten angesprochen, die dem entgegenstehen.«

Denselben Eindruck nahm auch Gratz von Gorbatschow mit: »Er wollte das Regime vermenschlichen, entbürokratisieren. Aber schon Kreisky hat über den Prager Frühling und den ›Kommunismus mit dem menschlichen Antlitz‹ gesagt, dass das nicht geht.« Gratz kritisiert besonders den »Wahnsinn«, dass sich Moskau von den Amerikanern die totale Wirtschaftsliberalisierung einreden ließ: »Sogar wir in Österreich haben erst vor ca. acht Jahren die letzten Devisenbeschränkungen aufgehoben! Das in der Sowjetunion völlig freizugeben musste ja zu einem finanziellen Chaos führen.«

Rudolf Kirchschläger über Gorbatschows Reformkurs: »Sicher lag viel an Gorbatschow selbst. Auch die Fehler, die er gemacht hat. Er hat sich von den freundlichen Erklärungen und den fast enthusiastischen Huldigungen, die ihm im Westen entgegengebracht wurden, beeindrucken lassen. Aber in Wirklichkeit hatte er kein eigenes Wirtschaftskonzept. Gorbatschow war einfach überfordert, ein neues System zu begründen. Er hatte die Kraft, ein System, dessen Mängel er sah – vor allem in der Produktion – zu zerschlagen. Aber er hatte nicht die Kraft, ein neues aufzubauen. Und die Berater, die er bereitwillig von Amerika und auch von Deutschland erhielt, die haben ihm noch schlechter geraten, als er es eigentlich schon gehabt hat. Man kann nicht am 31. Dezember abends die Staatswirtschaft beenden und am 1. Jänner mit der Privatwirtschaft beginnen!«

Erhard Busek führt das an, was auch Kreisky über den Prager Frühling meinte: »Mir waren Glasnost und Perestrojka insofern verdächtig, als ich persönlich überzeugt war, dass sich ein solches System nicht reformieren lässt. So wie der Sozialismus mit dem menschlichen Antlitz 1967/68 eine Illusion war.« Busek sah schon zu Beginn der Ära Gorbatschow düster: »Ab dem Zeitpunkt, wo er angefangen hat zu reformieren und unter die Leute zu gehen, war mir klar: Entweder gibt es einen Rückschlag und es kommt wieder eine Art stalinistisches System oder es zerbricht.«

Helmut Zilk schlägt in dieselbe Kerbe: »Gorbatschow hat ein bisschen spekuliert mit dem Weg von Dubček, aber das ist ihm davongelaufen. Ein bisschen Diktatur gibt es nicht!«

Halbwegs positiv noch Kurt Waldheim: Er nennt Gorbatschow einen »Verfechter der Revisionspolitik von innen heraus«. Den Kollaps der KP-Herrschaft in Osteuropa nennt er »die große Überraschung des Jahrhunderts, die niemand vorhergesehen hat! Kein Mensch hat das erwartet.«

Zur Rolle Gorbatschows kam das Umfeld, das gegen Ende der Sowjetzeiten schon groteske Formen zeigte. Robert Lichal wurde von Verteidigungsminister Jasow im April 1988 als erster ausländischer Verteidigungsminister zum Raketentest nach Gorki eingeladen. Lichal: »Ich war am Truppenübungsplatz in Gorki. Jasow hat mir gesagt, in Gorki war noch nicht einmal ein Gast von den Bruderstaaten. Einem Lichal aus Österreich hat er Gorki gezeigt – die Stadt der Verdammten! Wo ein Solschenyzin, ein Sacharow verbannt war!«

Franz Löschnak sorgte bei seinem Russland-Besuch im November 1990 für eine Premiere: »Ich wollte nicht nur mit meinem sowjetischen Amtskollegen (Wadim Bakatin) sprechen, sondern auch mit den Innenminister der Russischen Republik (Viktor Barannikow). Das war eine Sensation. Dazu kam eine zweite Sensation: Der sowjetische Innenminister weigerte sich zuerst, mich zu begleiten – und kam dann doch mit. Es war das erste Mal, dass der sowjetische Innenminister im russischen Innenministerium war!«

Die Zeichen an der Wand registrierte Franz Vranitzky, als er als Bundeskanzler im Oktober 1991 das sowjetische Raumfahrtszentrum Baikonur besuchte – zum ersten Weltraumflug eines Österreichers, Franz Viehböck. Nach dem Weltraumstart kam es zum Zusammentreffen der 16 Präsidenten der Sowjetrepubliken: »Wir sind damals in einer Jurte in der kasachischen Steppe zusammengekommen und haben den Weltraumstart gefeiert. Da waren sie alle, die Chefs der Sowjetrepubliken – von Nasarbajew aus Kasachstan bis zu Karimow aus Usbekistan. So wie diese Republikpräsidenten dort vor dem Gast aus dem Wes-

ten gesprochen haben und wie mir der sowjetische Regierungschef Silajew erzählte, was sie jetzt planen und was das Ver-
suchsmodell GUS werden soll: Da habe ich mir gedacht, das
sind ganz typische Zeichen von Auflösungstendenzen.«

Welche Faktoren gaben für den Fall des Eisernen Vorhangs, für
den Kollaps der KP-Regime in Osteuropa, für den Zusammenbruch der Sowjetunion und damit für das Ende des Kalten
Kriegs den Ausschlag? Je nach weltanschaulicher Orientierung
betonen die Zeitzeugen unterschiedliche Aspekte.

Willibald Pahr meint: »Gorbatschow ging es wie dem Zauber-
lehrling: Er konnte den Damm, als er einriss, nicht mehr halten.
Das war der Dominoeffekt: Wenn ein Stein fällt, fällt der nächste.« Im Rückblick meint Pahr, »dass man eines überschätzt hat:
Diese Regime waren in Wahrheit viel labiler, als man glaubte.
Wirtschaftlich schwach – und das war doch alles irrsinnig pri-
mitiv, gerade auf technischem Gebiet.«

Alois Mock sieht diese Zerfallsgründe: »Die wachsende Un-
fähigkeit des kommunistischen Systems, auch nur annähernd
den Erwartungen der eigenen Bürger zu entsprechen. Dazu
kam die zunehmende Informationsgesellschaft – wo es einfach
nicht mehr möglich war zu verhindern, dass Informationen
über den Eisernen Vorhang hinüberkommen. Damit war dieses
System zum Fall verurteilt. Erst in zweiter Linie kommen Per-
sonen: Gorbatschow, der Papst, Helmut Kohl, George Bush,
der bei der deutschen Einigung eine viel größere Rolle gespielt
hat, als allgemein bekannt ist. Aber natürlich die Leistung Gorbatschows: Aufs Nachgeben kommt es an – ob bewusst oder
unbewusst, es war ein großartiger Beitrag!«

Nicht Einzelpersonen, sondern die ökonomische Krise des
Ostblocks nennt Franz Löschnak: »Auslösend war der wirtschaftliche Niedergang des Ostblocks. Dann hat ein Bündel
von Entwicklungen dazu beigetragen.« Auch Löschnak betont
den Einfluss der modernen Informationsgesellschaft auf die
Zensur der Ostblockregime: »Durch das explodierende Kom-
munikationswesen war die Zensur auf Dauer nicht mehr durch-
zuhalten. Wenn jemand auf einen Fernsehsatelliten kommt,
weiß er, was sich um ihn herum auf der Welt abspielt. Die
Kommunikation war ein entscheidendes Merkmal!«

Bilddokument für den Zusammenbruch der KP-Herrschaft in Osteuropa: Wandparole am Prager Wenzelsplatz Ende November 1989: »Es ist vorbei! Die Tschechen sind frei!«

Auch für Erwin Lanc gab nicht ein Faktor allein den Ausschlag, für ihn war der Generationenwechsel ein wesentliches Element: »Mitentscheidend war, dass da eine neue, ausgebildete Generation im Ostblock herankam – die glaubte ganz einfach nicht mehr an die Machbarkeit einer diktatorisch zu führenden Gesellschaft. Alle ideologischen Sprüche, die man noch zu hören bekam, waren nur mehr Pflichtübungen! Die Denkansätze der neuen Generation waren völlig anders.«

Für Franz Vranitzky war die deutsche Frage mitentscheidend: »Die Außenwirkung der Perestrojka war das Einverständnis Gorbatschows, an der Eigenstaatlichkeit der DDR nicht fundamental festzuhalten, wie das seine Vorgänger getan haben, sondern den Weg zur Wiedervereinigung freizugeben. Damit ist etwas in Bewegung geraten, das weit über die deutsche Frage hinausging.«

Einen weiteren Faktor führt Fred Sinowatz ins Treffen – das Wettrüsten in der Endphase des Ost-West-Konflikts: »Natürlich hat dieses Wettrüsten eine große Rolle gespielt. Die Amerikaner konnten es ökonomisch wesentlich besser verkraften als die Sowjetunion. Die musste den Großteil ihres Bruttosozialprodukts dafür aufwenden – und ihn der eigenen Bevölkerung wegnehmen.«

Rudolf Kirchschläger betont: »Einen Beitrag für den unblutigen Systemwechsel muss man der viel missachteten KSZE beimessen: Durch die Aufweichdiskussion, durch die etwas menschlicheren Kontakte wurden die Menschenrechtsbewegungen in den Staaten hinter dem Eisernen Vorhang gefördert. Die KSZE ist zu Unrecht als Stiefkind vergessen! Ab der Entspannungsära haben sich dort allmählich Führungspersönlichkeiten herauskristallisiert – Havel, Walesa etc. Blut fließt ja in der Regel dort, wo keine politischen Nachfolgeregelungen möglich sind!«

Der Wegfall des Ost-West-Gegensatzes schuf aber auch neue Probleme. Erhard Busek betont »einen Systemfehler, der bei manchen Politikern gerade in der amerikanischen Politik eine Rolle spielt: das binäre System. Es gibt heute noch eine Menge amerikanischer Politiker, denen es sehr angenehm wäre, gäbe es noch das Moskau des Kalten Kriegs. Dass sie jetzt in Bukarest oder Warschau, Prag oder Bratislava fragen müssen – und womöglich auf der Landkarte nachschauen müssen, wo das überhaupt liegt: Das wirkt für sie störend. Früher hat man das mit Moskau ausgemacht – und dann war Schluss. Aber das funktioniert heute nicht mehr!«

Für alle Zeitzeugen spricht Kardinal Franz König, wenn er die Ereignisse in Osteuropa Revue passieren lässt: »Unvorstellbar! Bei Revolutionen fließt doch sonst immer Blut! Das war das wirklich Faszinierende – diese doch im Grunde religiöse Manifestation der menschlichen Grundrechte! Ein Phänomen der besonderen Art!«

Bitter beklagt Kardinal König aber die enttäuschten Hoffnungen: »Nach dem Zusammenbruch gab es zuerst ungeheure Euphorie, weil alles so plötzlich und umfassend vor sich ging. Aber schon nach Wochen kam Enttäuschung. Die Menschen in Osteuropa haben gesagt: Der Westen macht nichts, er hilft uns nicht. Das machte die Menschen perplex und verwirrt, es war eine Phase des Misstrauens.«

Für Österreich bedeutete der Fall des Eisernen Vorhangs und zeitgleich der Weg zum EU-Beitritt eine völlige Neupositionierung in Europa. Ludwig Steiner umreißt diese neue Stellung des Landes so: »Wenn ich mir vorstelle: Ich komme aus Innsbruck, aus einer christlichsozialen Familie. Damals gab es hinter unserem Haus die Zollgrenze für die städtische Abgabe. Dann war ich am Eismeer als Gebirgsjäger. Auf Mission beim Marschall der Sowjetunion, im Generalstab der Sowjetarmee. Ich habe mich im Europarat für die Öffnung zu den Oststaaten stark gemacht und habe vorgeschlagen, dass Gorbatschow zum Europarat kommt. Und heute gibt es in gewissen Bereichen keine Grenzen mehr in Europa: Das ist für einen Menschen meiner Generation ein Erlebnis.«

Wäre der EU-Beitritt Österreichs auch ohne Fall des Eisernen Vorhangs im selben Tempo erfolgt? Rudolf Kirchschläger: »In dieser Intensität wäre der EU-Beitritt ohne Zusammenbruch des Kommunismus wahrscheinlich nicht gekommen. Es wäre wahrscheinlich die Freihandelszone samt Zusatzvertrag mit der EU im Zentrum gestanden.«

Franz Vranitzky hält dagegen, dass beide Ereignisse zufällig zeitlich zusammentrafen: »Ich kann mit ziemlicher Sicherheit sagen, ich hätte diese Politik zum EU-Beitritt auch gemacht, wenn der Ostblock nicht zerbrochen wäre. Möglicherweise sogar noch stärker!«

Auch sein Innenminister Löschnak sieht darin »keinen wirklich kausalen Zusammenhang. Wir waren halt als Staat an der Nahtstelle zwischen Ost und West direkt berührt. Doch der Kurs Richtung EU-Beitritt wäre auch gekommen, wenn es die Wende nicht gegeben hätte. Möglicherweise nur etwas schwieriger in der Umsetzung.«

Dagegen analysiert Exaußenminister Pahr: »Solange die Zweiteilung in Ost und West bestand, hätten wir nicht der EU beitreten sollen. Die EU hätte uns vor einem Zusammenbruch des Sowjetblocks gar nicht genommen oder nur sehr unwillig. Immerhin hat Österreich sieben Jahre warten müssen.«

Für Exverteidigungsminister Lichal hat sich das Bedrohungsbild Österreichs durch den Wegfall eines der beiden Militärblöcke entscheidend geändert: »Unsere ganze Verteidigung war immer darauf ausgerichtet, uns herauszuhalten, wenn es bei den Großen losgeht. Das wurde durch das Gleichgewicht des Schreckens verhindert. Aber diese Vogel-Strauß-Politik war Selbstbetrug – schon seit der Kreisky-Zeit.«

Eine tiefe Veränderung für Österreich registriert Kardinal König: »Es ist etwas Neues entstanden: ein neues Österreich-Bewusstsein! Ich habe noch die Zeit miterlebt, wo man sich als Österreicher geniert hat, in einem armen, kleinen Land zu leben, das nach Anschluss irgendwo sucht. Heute hat man Vertrauen in das eigene Land. Und Zuversicht: Ich bin Österreicher ...!«

Zwei Jahre nach dem historischen Schnitt von Mock und Horn in den Eisernen Vorhang wurde beim österreichisch-ungarischen Grenzübergang Nickelsdorf ein Denkmal enthüllt, das an dieses Ereignis erinnern soll – gestaltet von dem im Ungarn-Aufstand 1956 von Ungarn nach Österreich geflüchteten Bildhauer Stefan Kamenyeczky. Am Fuße des Denkmals hat Alois Mock den Text anbringen lassen, der für das Ende einer viereinhalb Jahrzehnte dauernden Spaltung Europas steht:

»Freiheit und Demokratie haben über Unterdrückung und Kommunismus gesiegt. Als ich am 27. Juni 1989 mit meinem ungarischen Amtskollegen den Eisernen Vorhang durchschnitt, begann für Europa eine neue Phase der Geschichte.«

Zeitzeugen

Folgende Zeitzeugen stellten sich für die Forschung zu diesem Buch zur Verfügung – für die wertvollen Gespräche sei an dieser Stelle herzlich gedankt:

Albert Bach (Bundesheer-General der Infanterie i. R.)

Anton Benya (ÖGB-Präsident 1963–1987, 1. Nationalratspräsident 1971–1986)

Karl Blecha (Innenminister 1983–1989)

Erhard Busek (Wiener Vizebürgermeister 1978–1987, Wissenschaftsminister 1989–1994, Vizekanzler 1991–1995)

Leopold Gratz (Unterrichtsminister 1970–1971, Wiener Bürgermeister 1973–1984, Außenminister 1984–1986, 1. Nationalratspräsident 1986–1989)

Rudolf Kirchschläger (Leiter der Gesandtschaft in Prag 1967–1970, Außenminister 1970–1974, Bundespräsident 1974–1986)

Josef Klaus (Finanzminister 1961–1963, Bundeskanzler 1964–1970)

Kardinal Franz König (Erzbischof von Wien 1956–1985)

Erwin Lanc (Verkehrsminister 1973–1977, Innenminister 1977–1983, Außenminister 1983–1984)

Robert Lichal (Verteidigungsminister 1987–1990, 2. Nationalratspräsident 1990–1994)

Franz Löschnak (Minister ohne Portefeuille im Bundeskanzleramt 1985–1987, Gesundheitsminister 1987–1989, Innenminister 1989–1995)

Alois Mock (Unterrichtsminister 1969–1970, Vizekanzler und Außenminister 1987–1995)

Otto Molden (Gründer des Dialog-Forums Alpbach und des Österr. College 1945, Gründer der Europäischen Föderalistischen Partei EFP 1960)

Franz Olah (Vorsitzender der Gewerkschaft der Bau- und Holzarbeiter 1949–1957, ÖGB-Präsident 1959–1963, 2. Nationalratspräsident 1959–1961, Innenminister 1963–1964, Gründer der Demokratischen Fortschrittlichen Partei 1965)

Willibald Pahr (Außenminister 1976–1983, Generalsekretär der Welttourismusorganisation 1986–1989)

Fred Sinowatz (Unterrichtsminister 1971–1983, Bundeskanzler 1983–1986)

Ludwig Steiner (Sekretär des Tiroler Landeshauptmanns Gruber 1945–1946, Sekretär von Außenminister Gruber 1952–1953, Sekretär von Bundeskanzler Julius Raab 1953–1958, Staatssekretär im Außenministerium 1961–1964)

Franz Vranitzky (Finanzminister 1984–1986, Bundeskanzler 1986–1997)

Kurt Waldheim (Außenminister 1968–1970, UNO-Generalsekretär 1971–1981, Bundespräsident 1986–1992)

Helmut Zilk (ORF-Programmdirektor 1967–1974, Wiener Kulturstadtrat 1979, Unterrichtsminister 1983–1984, Wiener Bürgermeister 1984–1994).

Die Zitate der Zeitzeugen in diesem Buch stammen aus diesen Gesprächen, außer es ist gesondert angemerkt. Botschafter i. R. **Herbert Grubmayr** sei herzlich gedankt für seinen wertvollen zeithistorischen Erlebnis-Beitrag. Die Stellungnahmen Bruno Kreiskys zu verschiedenen Aspekten des Kalten Kriegs wurden seinem dreibändigen Memoirenwerk entnommen.

Dank für Rat und Hilfe

Aufrichtig danken möchte ich allen jenen, die mir mit Rat und Tat bei der Arbeit zu diesem Buch beigestanden sind, mir Unterlagen zur Verfügung gestellt, Zeitzeugen-Gespräche ermöglicht und Quellen erschlossen haben, um diese Arbeit kritisch zu begleiten – vor allem Renate Peer-Suitner für ihre unermüdliche Mitarbeit bei der Erfassung der Zeitzeugen-Gespräche, Professor Heinz Nußbaumer für seine große Hilfe beim Einfädeln von Kontakten zu wichtigen Zeitzeugen, Professor Stefan Karner für seine wertvollen Anregungen zum Themenkomplex Zeitgeschichte und Kalter Krieg, meiner Gattin Eva und meiner Familie für ihre Unterstützung und Geduld beim Verfassen dieses Buches.

Anmerkungen

[1] Zitat Botschafter i. R. Herbert Grubmayr anlässlich einer Zeitzeugen-Diskussion an der Diplomatischen Akademie in Wien zum Thema »Österreichs Außenpolitik von 1945 bis zur Gegenwart« am 13. September 1999

[2] Zitiert nach Hugo Portisch: Österreich II. Die Wiedergeburt unseres Staates. Wien 1985. Seite 298

[3] Foreign Relations of the United States (FRUS) 1945 Potsdam, I. Washington 1960, Nr. 6, 12. 5. 1945. Siehe ebenso: Jost Düllfer: Jalta, 4. Februar 1945 – Der Zweite Weltkrieg und die Entstehung der bipolaren Welt. München 1998. Seite 190

[4] Bruno Kreisky: Zwischen den Zeiten. Erinnerungen aus fünf Jahrzehnten. Wien 1990. Seite 402. Kreisky zitiert darin sich selbst in seinem Buch »Die Herausforderung«, erschienen 1963

[5] Antwort Tolbuchin. Seite 8. Zitiert nach Aichinger, Wilfried: Sowjetische Österreichpolitik 1943–1945. Seite 252

[6] Tolbuchin, ebd., Seite 6 ff.

[7] Berichte und Informationen. Jg. 1 (1946) H. 29, Seite 7-9

[8] Foreign Relations of the United States (FRUS) 1945. Vol. III. Seite 608. Zitiert nach Otto Klambauer: Die USIA-Betriebe. Wien 1979. Seite 106

[9] FRUS 1946. Vol. V. Seite 310

[10] Zitiert nach Manfried Rauchensteiner: Der Sonderfall. Die Besatzungszeit in Österreich 1945 bis 1955. Graz-Wien-Köln 1979. Seite 181

[11] Zitiert nach Hugo Portisch: Die Wiedergeburt unseres Staates. Seite 474

[12] Zitiert nach: Retrospect / Spiegel Online: Die Chronik des 20. Jahrhunderts. Lexikon – Dokumentation – Enzyklopädie

[13] Bruno Kreisky: Zwischen den Zeiten. Erinnerungen aus fünf Jahrzehnten. Wien 1990. Seite 402

[14] Hugo Portisch: Österreich II. Der lange Weg zur Freiheit. Wien 1986. Seite 26

[15] Wilfried Loth: Stalins ungeliebtes Kind. Berlin 1994, Seite 48. Siehe auch: Jost Dülffer: Jalta – Der Zweite Weltkrieg und die Entstehung der bipolaren Welt. A.a.O., Seiten 211 bzw. 249

16 Franz Muhri: Die Zweite Republik – historische Entwicklungslinien. In: Robert Kriechbaum (Hg.): Die Spiegel der Erinnerung. Die Sicht von innen. Österreichische Nationalgeschichte nach 1945. Wien 1998. Seite 166 ff.

17 Otto Klambauer: Die USIA-Betriebe. A.a.O., Seite 170

18 Franz Muhri: Die Zweite Republik. A.a.O., Seite 167

19 Hellmut Andics: Die Insel der Seligen. Wien 1968. Seite 130

20 Kennan-Telegramm zitiert nach Retrospect – Spiegel / Digital Publishing. A.a.O. 1998

21 Keesing's Archiv der Gegenwart. Hg. v. Heinrich v. Siegler, 16 (1946). Essen (o. J.), Seite 669

22 Dean Acheson, Unterstaatssekretär im State Department, der im US-Kongress für Trumans Kurswende wirbt. Zitiert in Isaacs: Der Kalte Krieg. A.a.O., Seite 41

23 Theodore Geiger, Wirtschaftsexperte im State Department, in der CNN-Serie »The Cold War«. Folge 3

24 Rauchensteiner: Sonderfall. A.a.O., Seite 201

25 Ebd., Seite 46

26 Wladimir Jerofejew zitiert nach: Protokoll der CNN-Serie »The Cold War«. Episode 3: Marshallplan. Siehe auch Jeremy Isaacs: Der Kalte Krieg. A.a.O., Seite 50

27 Zitiert nach Walter Kleindel: Österreich. Daten zur Geschichte und Kultur. Wien 1995. Seite 390

28 Karl Gruber: Zwischen Befreiung und Freiheit. Der Sonderfall Österreich. Wien 1953. Seite 178

29 Zitiert nach Hugo Portisch: Österreich II. Der lange Weg zur Freiheit. Wien 1986. Seite 312

30 Stefan Karner (Hg.): Geheime Akten des KGB. »Margarita Ottilinger«. Seiten 14 ff., 52 f. sowie 225

31 Ebd.

32 Franz Olah: Die Erinnerungen. Wien-München-Berlin 1995. Seite 129 f.

33 Zitiert nach Hellmut Andics: Die Insel der Seligen. A.a.O., Seite 156 f.

34 Hellmut Andics: Die Insel der Seligen. A.a.O., Seite 161 f.

35 Isabella Ackerl, Walter Kleindel: Die Chronik Österreichs. Wien 1994. Seite 555

36 Rauchensteiner: Sonderfall. A.a.O., Seite 290

[37] Franz Muhri: Zweite Republik Österreich. A.a.O., Seite 177 ff.

[38] Begleittext für die Ausstellung im Heeresgeschichtlichen Museum: »Sorry guys, no gold« Die amerikanischen Waffendepots in Österreich. Februar 1997

[39] Interview Fritz Molden in der Zeitschrift »News«, Nr. 4/96, Seite 11

[40] Olah: Erinnerungen. A.a.O., Seite 143 ff.

[41] Olah: Erinnerungen. A.a.O., Seite 150

[42] Andics: Insel der Seligen. A.a.O., Seite 209

[43] Zitiert nach: Cold War International History Project (CWIHP) des Woodrow Wilson International Center for Scholars, Washington D.C. Bulletin 10 - Leadership Transition in a Fractured Bloc. März 1998. Quelle: TsKhSD f.2, po.1, d.176, ll.282-95. Ins Englische übersetzt von Benjamin Aldrich-Moodie, deutsche Übersetzung durch den Autor

[44] Herbert Grubmayr: Streiflichter aus meiner Moskauer Zeit. In: Alfred Stirnemann/Gerhard Wilflinger: Russland und Österreich. Pro Oriente. Band XXIII

[45] CWIHP. Mark Kramer: New Evidence on Soviet Decision-Making and the 1956 Polish and Hungarian Crises. Seiten 12 f., 24

[46] Markus Wolf in der CNN-Serie »The Cold War«. Episode 21 »Spies«

[47] Dieses und Folgezitate der »Operation Lord« aus: Guido Knopp: Top-Spione. Verräter im Geheimen Krieg. 1997. Seite 136 ff.

[48] Zitiert nach Guido Knopp: Top-Spione. A.a.O., Seite 276 f.

[49] Norbert F. Pötzl: Basar der Spione. Die geheimen Missionen des DDR-Unterhändlers Wolfgang Vogel. Seiten 276 f. und 423

[50] KURIER vom 20. August 1978, Seiten 6 und 7

[51] APA-Hintergrundbericht Nr. 32 vom 18. August 1988

[52] Bruno Kreisky: Im Strom der Politik. Der Memoiren zweiter Teil. Seite 253 f.

[53] KURIER vom 20. August 1978, Seiten 6 und 7

[54] Siehe dazu Kurt Tozzer, Günther Kallinger: Marschmusik für Glockenspiel. 1968 – Österreich am Rande des Krieges. Wien 1998

[55] Franz Löschnak: Menschen aus der Ferne. Flüchtlinge, Vertriebene, Gastarbeiter. Verlag Holzhausen. Wien 1993. Seite 2

[56] »Der Standard« vom 25. 6. 1999, Seite 2

[57] »Neue Zürcher Zeitung« Nr. 210 vom 10. 9. 1999, Seite11

[58] CNN-Serie »The Cold War«. Folge 23 »The Wall comes down: 1989«
[59] »Neue Zürcher Zeitung« Nr. 210 vom 10. 9. 1999, Seite 11
[60] APA-Meldung Nr. 146 vom 2. Mai 1989
[61] CNN-Serie »The Cold War«. Folge 23
[62] APA-Interview Nr. 389 vom 23. Juni 1999

Bildnachweis:

Personenregister

(Das Register umfasst die Namen der wichtigsten Akteure des Kalten Kriegs)